Rhododendren

blvgartenplus

KATHARINA ADAMS

Rhododendren

Die schönsten Arten und Sorten
Auswählen, Gestalten, Pflegen

blv

Inhalt

Rhododendren – prachtvoll und vielseitig

Rhododendren in ihren vielgestaltigen Erscheinungsformen sind aus unseren Gärten kaum wegzudenken. Sie gehören zu den wichtigsten Frühjahrsblühern, wobei sich die Blütezeit von März in den Juni hinein erstreckt. Auch die Variationsbreite was Blütenfarbe, Blütenform und Blütengröße angeht, ist beträchtlich.

Bei den Blütenfarben kann man eigentlich sämtliche Farbtöne finden, sogar nahezu blaue Blüten. Meist sitzen die Blüten in Büscheln, den so genannten Blütenstutzen zusammen, es gibt aber auch Arten mit Einzelblüten, allerdings ausnahmslos unter den zwergigen Formen. Die Form der Einzelblüten kann trichterförmig, glockig oder röhrig sein, wobei die Kronblatter miteinander verwachsen sind. Die Blütenstutze sitzen in der Regel an den Triebenden der Blütenzweige.
Bestäubt werden Rhododendronblüten im Wesentlichen durch Hummeln, bei tropischen Arten aber auch durch Schmetterlinge und sogar Fledermäuse. Bienen bestäuben zumindest in den gemäßigten Klimazonen keine Rhododendren. Diese Tatsache ist nicht unwichtig, denn der Honig aus ihren Blüten ist ebenso wie die gesamte Pflanze giftig.

◀ Unter guten Standortbedingungen können ältere Exemplare besonders der starkwüchsigen Catawbiense-Hybriden zu stattlichen Büschen heranwachsen.

Von Rhododendren und Azaleen

Den Begriff Rhododendron verbindet man gewöhnlich mit den klassischen immergrünen Sträuchern, die im Laufe der Jahre zu stattlichen Gehölzen heranwachsen und sich im Frühjahr mit prächtigen Blütenstutzen schmücken. Botanisch gehören jedoch auch die Laub abwerfenden Azaleen zu den Rhododendren, und daneben gibt es kriechend wachsende Zwergsträucher und kissenförmige immergrüne Azaleen, die besonders aus Gärten japanischer Stilrichtung bekannt sind. Früher wurde zwischen den Gattungen *Rhododendron* und *Azalea* unterschieden, wobei die Trennung nicht immer logisch erschien. Alle Laub abwerfenden Arten wurden der Gattung *Azalea* zugeordnet, dazu aber auch

Blühende Azalee am Naturstandort in gebirgigen Regionen Thailands.

Ein fernöstlich inspirierter Garten mit japanischen Azaleen (*Rhododendron*-Obtusum-Hybriden). Eine solch exakte Kissenform lässt sich allerdings nur durch Formschnitt erreichen.

die immergrünen japanischen Obtusum-Hybriden. Russatum-Formen und ähnliche, die man von ihrer Erscheinung her eigentlich als Azalee bezeichnen würde, gehörten hingegen zur Gattung *Rhododendron*. Vor etlichen Jahren wurden deshalb beide Gattungen zusammengefasst – sie heißen nun alle *Rhododendron*, die Gattung *Azalea* existiert nicht mehr. Im deutschen Sprachgebrauch werden aber nach wie vor die Laub abwerfenden und japanischen als Azaleen bezeichnet, ebenso die nicht winterharte Topf-Azalee *Rhododendron simsii*.

Formenvielfalt bei Rhododendren

Um bei der Vielzahl der Rhododendren die Übersicht zu behalten, werden sie in den Katalogen in verschiedene Gruppen eingeteilt:

Immergrüne Rhododendron-Hybriden

Zu dieser Abteilung gehören sämtliche »Klassiker«, von den alten Catawbiense-Hybriden bis hin zu modernsten Züchtungen. Oft lässt sich bei der langen Geschichte der Züchtung nicht mehr rekonstruieren, welches Blut welcher Wildarten zu welchen Anteilen in den einzelnen Sorten fließt. Häufig finden sich Anteile von *Rhododendron williamsianum, R. insigne, R. caucasicum, R. griffithianum* oder *R. fortunei* in ihnen. Teilweise ist die unterschiedliche Winterhärte der Sorten auf bestimmte Elternarten zurückzuführen. Gelbe Farbtöne wurden beispielsweise durch Kreuzungen mit *Rhododendron wardii* erzielt, der aber leider zu den weniger winterharten Arten zählt und diese Eigenschaft auch an seine Nachkommen vererbt.

Neben den Hybriden sind zahlreiche Wildarten und daraus entstandene Sorten im Handel, die den Hybriden sehr ähnlich sind. Sie haben häufig kleinere Blüten als die Hybriden und lassen sich daher besser in naturnahen Pflanzungen verwenden. Yakushimanum-Hybriden werden in der Regel gesondert aufgeführt, gehören im Prinzip aber auch in diese Gruppe.

Immergrüne Japanische Azaleen

Hierbei handelt es sich zum größten Teil um Obtusum-Hybriden. Vertreter dieser Gruppe wachsen kompakt und kissenförmig, eher in die Breite als in die Höhe, und erreichen auch im Alter selten mehr als 80 cm. Sie bestechen durch eine außerordentliche Blütenfülle, die Blüten selbst erinnern stark an die Blüten der Topf-Azaleen.

Sommergrüne Azaleen

Diese Gruppe wurde im Wesentlichen aus den Wildarten *Rhododendron molle, R. luteum, R. occidentale* und R. *japonicum* gezüchtet. Die ersten Hybriden entstanden um 1870 in der englischen Knap Hill Nursery, daher werden sie auch unter der Bezeichnung Knap-Hill-Azaleen geführt. Besonders spektakulär sind die hier reichlich zu findenden rein gelben und orangenen Blütenfarben, die fantastische Partner für blau blühende Zwiebelblumen und Zweijährige abgeben, die zeitgleich blühen. Wem das alles zu knallig ist, findet darüber hinaus wunderschöne leicht zu kombinierende sanfte Farbtöne. Alle Sorten und auch die erhältlichen Wildarten sind vollkommen winterhart.

Kleinwüchsige und zwergige Immergrüne

Unsere heimische Alpenrose *(Rhododendron ferrugineum)* ist der wohl bekannteste Vertreter dieser Gruppe. Allerdings benötigt sie einen sehr feuchten Standort mit mineralischem, saurem und humosem Boden. Ihre Kultur ist schwierig und nur etwas für Spezialisten, die ein entsprechendes Moorbeet anlegen möchten. Andere Zwergformen sind erheblich anspruchsloser und wegen ihres zwergigen Wuchses sehr gut in Steingartenanlagen, aber auch in Pflanzungen mit Heidecharakter zu verwenden. Sorten von *Rhododendron forrestii* sind hierbei ebenso eine gute Wahl wie *Rhododendron impeditum, R. prostratum* oder *R. repens,* von dem es eine breite Sortenpalette gibt.

Viele der sommergrünen Azaleen zeichenen sich durch kräftige Blütenfarben aus, die auch gut miteinander kombiniert werden können.

Rhododendron zoelleri × burmanicum, eine Hybride zweier Wildarten aus Burma, deren rote röhrenförmige Blüten fast an Weigelien erinnern.

Rhododendron macgregoriae ist im tropischen Neuguinea beheimatet. Diese ungewöhnliche Art ist wie alle in diesem Tableau bei uns leider nicht winterhart.

Die weißen Blüten von *Rhododendron veitchianum* leuchten in der Dämmerung.

Rhododendron dianthosmum aus West-Neuguinea besitzt große glockige Blüten in wunderschönem Orchideenrosa.

Rhododendren rund um die Welt

Die Gattung *Rhododendron* ist ein echter Weltenbummler. In fast allen Teilen der Erde wachsen Rhododendren, lediglich in Afrika und Südamerika wird man sie vergeblich suchen.

In Europa kommen nur wenige Arten vor, dabei handelt es sich meist um zwergig wachsende Vertreter der Hochgebirge. Im Kaukasus gedeiht immerhin *Rhododendron luteum,* der bei der Züchtung der sommergrünen Azaleen eine wichtige Rolle gespielt hat. Auch die Wildform selbst ist gartenwürdig, zumal ihre Blüten duften.

Die größte Artenvielfalt findet man in Ostasien, in den südlichen tropischen Gebieten genauso wie hoch im Norden. Wichtige Vertreter sind beispielsweise *Rhododendron dauricum, R. impeditum, R. brachycarpum* und

R. schlippenbachii, die alle Eingang in die Züchtung gefunden haben.
In Nordamerika sind neben *Rhododendron catawbiense* auch die Arten *R. occidentale, R. viscosum* und *R. canadense* heimisch. Auch sie haben die Züchtung nicht unwesentlich beeinflusst. Die Vertreter aus Neuseeland und Australien spielten bei der Entwicklung des heutigen Gartensortimentes keine Rolle, aber auch dort kommen etliche Arten in einem eng umgrenzten Gebiet vor.

»Pflanzenjäger« auf Entdeckungsreise

Die ersten Rhododendron-Arten wurden im 18. und besonders im 19. Jahrhundert entdeckt, als bekannte »Pflanzenjäger« wie Robert Fortune, Ernest Wilson und Frank Kingdon-Ward Asien bereisten und von dort Samen und Pflanzen mitbrachten. Zu den ersten begeistert aufgenommenen Funden gehörte die schon erwähnte Topf-Azalee *Rhododendron simsii.* Als größte Fundgrube erwies sich das riesige **chinesische Reich.** Die Forscher arbeiteten sich von den Küstenregionen aus ins Innere des Landes vor, vom Flachland in unwegsames Gebirge. Aus den höheren Regionen kamen auch die ersten in Europa winterharten Arten und eroberten botanische Sammlungen, Parks und Gärten. Zahlreiche botanische Namen geben Hinweis auf ihre Entdecker oder die Forscher, die die Arten zum ersten Mal beschrieben hatten.
Bereits ab der ersten Hälfte des 18. Jahrhunderts gelangten die ersten Rhododendren aus **Amerika** nach Europa. Die Art, die einen ganz entscheidenden Anteil an der Züchtungsgeschichte bis zum heutigen Tag besitzt, ist *Rhododendron catawbiense.* Seine Heimat sind die Bergketten des Mittelostens, benannt wurde er nach dem Catawba-Fluss, der seinen Ursprung in den Bergen North Carolinas hat und weiter nach South Carolina fließt. Die Art erwies sich als vollkommen winterhart und sehr anspruchslos, zudem ließ sie sich gut mit anderen Arten kreuzen. Auch im heutigen Standardsortiment der Baumschulen finden sich zahlreiche Catawbiense-Hybriden. In Großbritannien kann man prächtige alte Sträucher dieser Art in der freien Landschaft bewundern, sie dienen dort als Windschutzhecken und Grenzmarkierung der Weiden. Auch die hohen Hecken in den historischen Parkanlagen Mitteleuropas bestehen zum größten Teil aus Catawbiense-Hybriden.
Die wichtigste Entdeckung der letzten Jahrzehnte ist ohne Zweifel *Rhododendron yakushimanum.* Diese Art stammt aus der Hochgebirgsregion der japanischen Insel Yaku Shima und besitzt alle Eigenschaften, die man sich nur wünschen kann: kompakten Wuchs, Reichblütigkeit, Winterhärte und schönes Laub. Zudem gedeiht sie auch am Naturstandort an sonnen- und windexponierten Plätzen, sodass uns endlich auch für den Garten ein reichblütiger Vertreter für solche Standorte zur Verfügung steht.

auf einen blick

- Rhododendren sind vielgestaltig, die Spanne reicht von gedrungen wachsenden Zwergformen bis hin zu fast baumhohen Arten.
- Die ersten Rhododendron-Arten wurden im 18. Jahrhundert entdeckt, als Naturforscher vermehrt andere Kontinente bereisten. Vor allem China erwies sich als wahre Fundgrube für gartenwürdige Arten.
- Eine späte, aber für die Züchtung wichtige Entdeckung war *R. catawbiense* aus Amerika.

Die schönsten Rhododendren im Porträt

Die Sortenvielfalt der Rhododendren ist schier unerschöpflich. Jährlich kommen neue ausgezeichnete hinzu, während alte bewährte Sorten weiterhin ihre Berechtigung haben und dementsprechend vermehrt und verkauft werden. Hier kann daher nur ein mehr oder weniger repräsentativer Querschnitt vorgestellt werden, wobei Wert darauf gelegt wurde, alle Farben und Formen abzudecken.

Der Porträtteil wurde aus Gründen der Übersichtlichkeit in folgende **Gruppen** unterteilt:
- »Klassische« großblütige Hybriden
- *Rhododendron*-Williamsianum-Hybriden (Glocken-Rhododendren)
- *Rhododendron*-Yakushimanum-Hybriden (Ball-Rhododendren)
- Immergrüne Wildarten
- Zwerg-Rhododendren
- Japanische Azaleen
- Sommergrüne Azaleen
- Sommergrüne Wildarten

Großblütige Rhododendron-Hybriden

In dieser Gruppe werden alle großblütigen »klassischen« Rhododendren zusammengefasst. Je nach den für ihre Züchtung verwendeten Elternarten können sich die Sorten hinsichtlich Höhe, Wuchsform, Winterhärte und Blütenform unterscheiden.
Alle Sorten sind immergrün. Die Hybriden blühen je nach klimatischen Bedingungen im Mai und Juni, frühe Sorten ab Anfang, die meisten ab Mitte Mai.

◀ Frühlingsimpression in Pastellfarben: *Rhododendron*-Williamsianum-Hybride 'Jackwill', umspielt von hellblauen Vergissmeinnicht-Blüten.

'Arktis'

◑ ✿ 5–(6) ⬆ 150 ⬌ 150

Blütenfarbe: Rosaviolett, im Inneren der Blüte fast weiß, dezente rotbraune Sprenkel im Blütenschlund.
Blütenform: Flachkugeliger, lockerer Blütenstutz, Einzelblüten glockig, 10–15 pro Blütenstutz.
Laub: Mittelgrün, matt, länglich.
Merkmale: Kompakte Sorte, langsam wachsend. Extrem winterhart, sehr robust. Hybride mit Genen von *Rhododendron insigne,* daher bedingte Kalktoleranz. Verträgt sonnigen Stand.
Verwendung: Im Vordergrund von Gruppenpflanzungen, an Sitzplätzen, in gemischten Schattenbeeten.

Erklärungen zu den Porträts

Symbolleiste
Die Symbolleiste gibt in Kurzform Auskunft über wichtige Eigenschaften der Pflanzen.

Blütezeit
✿ 4–7 Blütezeit in Monaten

Wuchshöhe
⬆ 120 Durchschnittliche Höhe in Zentimetern

Wuchsbreite
⬌ 150 Durchschnittliche Breite in Zentimetern

Lichtanspruch
○ sonnig
◍ lichtschattig (hell, aber nicht sonnig)
◑ halbschattig
● schattig

Wuchshöhe und -breite beziehen sich auf 10–15 Jahre alte, praktisch ausgewachsene Pflanzen.

Pflege: Bei Trockenheit wässern, eine Mulchschicht hält die Feuchtigkeit länger im Boden. Abgeblühte Blütenstutze vorsichtig herausbrechen. Nach einer Herbstpflanzung im ersten Winter eventuell leichten Winterschutz geben.

Ähnliche Sorten:

• 'Berliner Liebe': breitwüchsig, leuchtend rote Blüten.

• 'Grugaperle': rosaweiß, Knospen dunkelrosa, reichblütig.

• 'Oberschlesien': weiß blühend, kugeliger Blütenstutz, sehr langsam wachsend.

'Blue Peter'

'Blue Peter'

◑ ✿ 5–6 ⬆ 120 ⬌ 200

Blütenfarbe: Violett bis hellblau, mit ausgeprägtem braunrotem Schlundfleck.
Blütenform: Kugeliger bis kuppelförmiger Blütenstutz mit bis zu 15 Einzelblüten. Blütenränder gewellt.
Laub: Mittelgrün, ledrig, spitzoval. Sehr dekorativ.
Wuchs: Langsam, stark in die Breite wachsend: Lockerwüchsig, aber gleichmäßiger Aufbau der Sträucher.
Merkmale: Altbewährte Züchtung aus England mit guter Winterhärte.
Verwendung: Einzelstellung, im Vordergrund von Gruppenpflanzungen.
Pflege: Bei Trockenheit wässern, eine Mulchschicht hält die Feuchtigkeit länger im Boden. Abgeblühte Blütenstutze vorsichtig herausbrechen. Nach einer Herbstpflanzung im ersten Winter eventuell leichten Winterschutz geben.

Ähnliche Sorten:

• 'Genoveva': gelber Schlundfleck, dunkleres Laub.

• 'Humboldt': lockerer Wuchs, höher.

'Brasilia'

◑ ✿ 5–(6) ⬆ 120 ⬌ 120

Blütenfarbe: Ungewöhnliche und seltene Färbung, die Blüten sind im äußeren Bereich lachs- bis orangerosa gefärbt, im Inneren wechselt die Farbe in Gelb über. Im Verblühen heller werdend. Rote Staubfäden.
Blütenform: Flachkugeliger Blütenstutz mit recht großen Einzelblüten. Blütenränder gerüscht.
Laub: Dunkelgrün, mit wachsartiger Oberfläche, schöner Kontrast zur Blüte.

'Brasilia'

Pflege: Bei Trockenheit wässern, eine Mulchschicht hält die Feuchtigkeit länger im Boden. Abgeblühte Blütenstutze vorsichtig herausbrechen. Nach einer Herbstpflanzung im ersten Winter eventuell leichten Winterschutz geben.

Ähnliche Sorten:

- 'Lita': stark gerüschte Blütenränder; extrem frostharte lettische Züchtung.
- 'Progrés': sehr frühe Blütezeit, Blüten am Rand heller.

Wuchs: Kompakt, nicht so stark in die Breite wachsend.
Merkmale: Sorte mit unübertroffener Farbwirkung, dabei sehr frosthart.
Verwendung: Einzelstellung, im Vordergrund von Gruppenpflanzungen.
Pflege: Bei Trockenheit wässern, eine Mulchschicht hält die Feuchtigkeit länger im Boden. Abgeblühte Blütenstutze vorsichtig herausbrechen. Nach einer Herbstpflanzung im ersten Winter eventuell leichten Winterschutz geben.

Ähnliche Sorten:

- 'Circus': lockerer Wuchs, Blüten mehr ins Rosa tendierend.
- 'Malwine': Blütenränder rosa, innen orange-lachs, glockige Blüten.

'Brigitte'

◑ ✿ (5)–6 ⬆ 120 ⬌ 160

Blütenfarbe: Silbrigrosa, zum Rand hin dunkler werdend, kräftig rosafarbener Blütensaum. Ausgeprägte gelbe Schlundzeichnung.
Blütenform: Kompakter kugeliger Blütenstutz ,weit geöffnete Einzelblüten.
Laub: Dunkelgrün, glänzend, mit an der Oberseite gut sichtbaren Blattadern.
Wuchs: Kompakt, breiter als hoch, langsam wachsend.
Merkmale: Schon als junge Pflanze reich blühend.
Verwendung: Einzelstellung, im Vordergrund von Gruppenpflanzungen.

'Brigitte'

Ein besonders prächtiges freistehendes Exemplar von 'Catawbiense Grandiflorum'.

'Catawbiense Grandiflorum'

◑ ✿6 ⬆250 ⬌300

Blütenfarbe: Reines Hellviolett mit dezenter orangener Schlundzeichnung. Im Verblühen farbstabil.
Blütenform: Blütenstutze kuppelförmig, dicht besetzt mit bis zu 20 Einzelblüten. Blütenränder leicht gewellt.
Laub: Dunkelgrün, länglich, leicht glänzend.
Wuchs: Sehr kräftig, dichtbuschig, bei freiem Stand im Alter sehr breit werdend.
Merkmale: Alte, noch viel verwendete Sorte, besonders für höhere Hecken hervorragend geeignet. Gute Winterhärte.
Verwendung: Einzelstellung, im Hintergrund von Gruppenpflanzungen, auch für hohe immergrüne Hecken, zum Beispiel an Grundstücksgrenzen.
Pflege: Bei Trockenheit wässern, eine Mulchschicht hält die Feuchtigkeit länger im Boden. Nach einer Herbstpflanzung im ersten Winter eventuell leichten Winterschutz geben.
Ähnliche Sorten:
- 'Catawbiense Boursault': Dunklere Blüte, lockerer Blütenstutz.
- 'English Roseum': Ganz ähnlich, aber rosa blühend.
- 'INKARHO Dufthecke': Weiß blühende Neuheit, stark duftend, kalktolerant. Kräftiger, hoher Wuchs.

'Dagmar'

◑ ✿5–(6) ⬆120 ⬌130

Blütenfarbe: Elegantes Puderrosa, mit leuchtend gelbem Schlundfleck.
Blütenform: Kugeliger Blütenstutz, bis zu 15 sehr große Einzelblüten. Blüten weit geöffnet, wirken fast sternförmig. Duftend!
Laub: Dunkelgrün, langoval. Schöner Kontrast zu den hellen Blüten.
Wuchs: Kompakt, breit kuppelförmig, gleichmäßig.
Merkmale: Extrem winterharte tschechische Züchtung. Besonders wertvoll durch ihre duftenden Blüten. Sehr elegante Erscheinung.
Verwendung: Einzelstellung, im Vordergrund von Gruppenpflanzungen.
Pflege: Bei Trockenheit wässern, eine Mulchschicht hält die Feuchtigkeit länger im Boden. Abgeblühte Blütenstutze vorsichtig herausbrechen. Nach einer Herbstpflanzung im ersten Winter eventuell leichten Winterschutz geben.
Ähnliche Sorten:
- 'Diadem': Etwas dunkleres Rosa.
- 'Matterhorn': Sehr winterhart, auffällige Schlundzeichnung.

'Dr. H. C. Dresselhuys'

◑ ✿5–6 ⬆200–300 ⬌300

Blütenfarbe: Leuchtend purpurrot, schwache braune Schlundzeichnung.
Blütenform: Hochrunder, fast kegelförmiger Blütenstutz mit bis zu 20 Einzelblüten. Blüten glockig mit ausgeprägten Blütenzipfeln.
Laub: Mittelgrün, schmal oval.
Wuchs: Starkwüchsig, aufrecht, schirmförmig.
Merkmale: Kräftige Sorte mit ausgezeichneter Winterhärte, fügt sich gut in Rhododendronhecken ein.
Verwendung: Einzelstellung, im Hintergrund von Gruppenpflanzungen, Hecken.
Pflege: Bei Trockenheit wässern, eine Mulchschicht hält die Feuchtigkeit länger im Boden. Nach einer Herbstpflanzung im ersten Winter eventuell leichten Winterschutz geben.
Ähnliche Sorten:
- 'Old Port': Mehr zu blau tendierende Blütenfarbe.
- 'Pearce's American Beauty': Stark gerüschte Blütenränder, sehr frosthart.
- 'Caractacus': Blüte kräftig purpurrot, sehr winterhart.
- 'Dr. V. H. Rutgers': rubinrote Blüte, breitwüchsig.

'Ehrengold'

◑ ✿5 ⬆130 ⬌150

Blütenfarbe: Hellgelb, im Aufblühen lachsrosa überhaucht. Knospen kräftig lachsorange.
Blütenform: Flachkugeliger lockerer Blütenstutz. Einzelblüten rundlich, ohne Schlundzeichnung.
Laub: Dunkelgrün, stark glänzend, konkav gerollt. Sehr dekorativer Kontrast zur hellen Blüte.
Wuchs: Geschlossen, kompakt, etwas breiter als hoch.
Merkmale: Schöne Sorte mit duftiger Blütenfarbe und guter Winterhärte. Kommt vor dunklen Hecken gut zur Geltung.
Verwendung: Einzelstellung, im Vordergrund von Gruppenpflanzungen.
Pflege: Bei Trockenheit wässern, eine Mulchschicht hält die Feuchtigkeit länger im Boden. Abgeblühte Blütenstutze vorsichtig herausbrechen. Nach einer Herbstpflanzung im ersten Winter eventuell leichten Winterschutz geben.
Ähnliche Sorten:
- 'Goldbukett': Kräftige rotbraune Schlundzeichnung.
- 'Maharani': Cremegelb getigerter Schlund, große Einzelblüten, mäßig winterhart.

'Erato'

◑ ✿(5)–6 ⬆150 ⬌150

Blütenfarbe: Reines, aber warmes Rot, weithin leuchtend. Lebhafte schwarze Schlundzeichnung. Auffällige gelbe Staubfäden. Farbstabil, im Abblühen nicht verblauend.

'Ehrengold'

Blütenform: Flachkugeliger Blütenstutz, große Einzelblüten mit stark gewelltem Blütenrand.
Laub: Mittel- bis dunkelgrün, Blattränder leicht konkav gebogen.
Wuchs: Kompakt, etwas in die Breite wachsend, dichtbuschig.
Merkmale: Außergewöhnlich farbkräftige Sorte mit ausgezeichneter Winterhärte. Reines Rot findet sich unter den großblütigen Hybriden sehr selten. Die Sorte hat diverse Preise auf Ausstellungen erzielt.
Verwendung: Einzelstellung, im Vordergrund von Gruppenpflanzungen.

'Erato'

'Furnivall's Dauhgter'

Pflege: Bei Trockenheit wässern, eine Mulchschicht hält die Feuchtigkeit länger im Boden. Abgeblühte Blütenstutze vorsichtig herausbrechen. Nach einer Herbstpflanzung im ersten Winter eventuell leichten Winterschutz geben.
Ähnliche Sorten:
- 'Dr. V. H. Rutgers': Leuchtend rubinrot, kräftig, breitwüchsig.
- 'Vulkan': Helles Zinnoberrot, noch farbkräftiger.

'Furnivall's Daughter'

◑ ✿5–6 ⬆150 ⬌170

Blütenfarbe: Reinrosa mit sehr auffälliger braunroter Zeichnung im Inneren der Blüten.
Blütenform: Sehr große Einzelblüten, weit geöffnet, fast sternförmig. Lockerer Blütenstutz mit nur wenigen Blüten.
Laub: Dunkelgrün, matt, relativ breit.
Wuchs: Mittelstark, mehr in die Breite wachsend, lockerer Aufbau.
Merkmale: Schöne, auffällig gezeichnete Blüte. Winterhärte befriedigend, in kälteren Gegenden ist ein geschützter Standort von Vorteil.
Verwendung: Einzelstellung, in Gruppenpflanzungen, an Sitzplätzen.
Pflege: Bei Trockenheit wässern, eine Mulchschicht hält die Feuchtigkeit länger im Boden. Abgeblühte Blütenstutze vorsichtig herausbrechen. Nach einer Herbstpflanzung im ersten Winter eventuell leichten Winterschutz geben.
Ähnliche Sorten:
- 'Herbstfreude': Nachblüte im Herbst!
- 'Sapporo': Hellere Blüte, Schlundfleck weinrot.

'Germania'

◑ ✿5–(6) ⬆160 ⬌200

Blütenfarbe: kräftig rosa, im Inneren heller. Dezente getüpfelte Schlundzeichnung.
Blütenform: Dichter kugeliger Blütenstutz mit bis zu 15 sehr großen Einzelblüten. Blütenränder stark gekräuselt.
Laub: Dunkelgrün, breitoval, matt.
Wuchs: Kräftig, dichtbuschig, breiter als hoch wachsend.
Merkmale: Aparte Sorte mit extrem großen Blüten, sehr auffällig. Die Winterhärte ist zufriedenstellend, ein geschützter Standort ist von Vorteil.
Verwendung: Einzelstellung, im Vordergrund von Gruppenpflanzungen.
Pflege: Bei Trockenheit wässern, eine Mulchschicht hält die Feuchtigkeit länger im Boden. Abgeblühte Blütenstutze vorsichtig herausbrechen. Nach einer Herbstpflanzung im ersten Winter eventuell leichten Winterschutz geben.
Ähnliche Sorten:
- 'Rosabella': Dunkleres Rosa.
- 'Roland': Violettrosa, roter Schlundfleck.

'Graffito'

◑ ✿6 ⬆150 ⬌160

Blütenfarbe: Zartrosa mit einem Hauch ins Hellviolett. Auffällige rotbraune Schlundflecken.
Blütenform: Weit geöffnete, große, sternförmige Einzelblüten an lockeren hochkugeligen Blütenstutzen.
Laub: Dunkelgrün, lanzettlich, sehr stark glänzend. Steht in sehr gutem Kontrast zur Blüte.
Wuchs: Breit aufrecht, nicht vollkommen kompakt, aber gleichmäßig.
Merkmale: Auffallende Blüten, sehr aparte Gesamtwirkung. Extrem frosthart. Die Sorte hat auf Ausstellungen zahlreiche Preise erhalten.
Verwendung: Einzelstellung, im Vordergrund von Gruppenpflanzungen.
Pflege: Bei Trockenheit wässern, eine Mulchschicht hält die Feuchtigkeit länger im Boden. Abgeblühte Blütenstutze vorsichtig herausbrechen. Nach einer Herbstpflanzung im ersten Winter eventuell leichten Winterschutz geben.
Ähnliche Sorten:
- 'Gundula': Sehr ähnlich, spätere Blüte.
- 'Herbstgruß': Nachblüte im Herbst!

'Germania' in einer Pflanzung mit Koniferen.

'Hachmann's Charmant'

'Hachmann's Charmant'

◑ ✿ (5)–6 ⬆ 150 ⬌ 180

Blütenfarbe: Der Blütenrand ist kräftig rosarot, das Innere reinweiß. Zusätzliche Belebung durch eine braunrote Schlundzeichnung. Sehr lebhaftes Farbenspiel!
Blütenform: Kuppelförmiger Blütenstutz mit weit geöffneten sternförmigen Einzelblüten.
Laub: Mittelgrün, leicht glänzend.
Wuchs: Breit aufrecht, kompakt und dichtbuschig.
Merkmale: Eine auffällige Sorte mit wirklich zweifarbigen Blüten. Sehr reichblütig und mit einer langen Blütezeit. Die Sorte hat zahlreiche Preise auf Ausstellungen erhalten.
Verwendung: Einzelstellung, im Vordergrund von Gruppenpflanzungen, an Sitzplätzen.
Pflege: Bei Trockenheit wässern, eine Mulchschicht hält die Feuchtigkeit länger im Boden. Abgeblühte Blütenstutze vorsichtig herausbrechen. Eventuell leichten Winterschutz im ersten Winter nach einer Herbstpflanzung geben.
Ähnliche Sorten:
- 'Junifee': Ähnliche Farbwirkung.
- 'Prinz Karneval': Insgesamt dunkler, weniger winterhart.

'Hackmann's Picobello'

◑ ✿ 5–6 ⬆ 100 ⬌ 150

Blütenfarbe: Reinweiß mit weinrotem Schlundfleck.
Blütenform: Flacher Blütenstutz, locker mit großen, weit geöffneten Einzelblüten besetzt. Blütenrand leicht gewellt.
Laub: Dunkelgrün, spitzoval, glänzend.
Wuchs: Kompakt, sehr dichtbuschig, langsam wachsend.
Merkmale: Interessante Neuzüchtung mit ausgezeichneter Winterhärte. Die weißen Blüten erhalten durch den Schlundfleck eine schöne Struktur. Gute Fernwirkung.
Verwendung: Einzelstellung, im Vordergrund von Gruppenpflanzungen.
Pflege: Bei Trockenheit wässern, eine Mulchschicht hält die Feuchtigkeit länger im Boden. Abgeblühte Blütenstutze vorsichtig

herausbrechen. Eventuell leichten Winterschutz im ersten Winter nach einer Herbstpflanzung.
Ähnliche Sorten:
- 'Rasteder Schlossperle': Dezentere Schlundzeichnung, ähnlich kompakter Wuchs, sehr winterhart.
- 'Schneeauge': Sehr ähnlich, nicht ganz so winterhart.

'Hachmann's Picobello'

'Junifeuer'

◑ ✿6 ⬆150 ⬌170

Blütenfarbe: Leuchtend rubinrot, zur Mitte hin heller werdend. Auffälliger gelber Schlundfleck.
Blütenform: Hoher, kuppelförmiger Blütenstutz mit bis zu 15 sehr großen Einzelblüten. Die Blüten sind weit geöffnet.
Laub: Dunkelgrün; der dunkelrote Austrieb besitzt zusätzlichen Zierwert.
Wuchs: Breit aufrecht, dichtbuschig.
Merkmale: Auffallend ist die sehr späte Blüte, oft bis Ende Juni. Dekorative Sorte mit besonderer Blütenfärbung und guter Winterhärte.
Verwendung: Einzelstellung, im Vordergrund von Gruppenpflanzungen.
Pflege: Bei Trockenheit wässern, eine Mulchschicht hält die Feuchtigkeit länger im Boden. Abgeblühte Blütenstutze vorsichtig herausbrechen. Nach einer Herbstpflanzung im ersten Winter eventuell leichten Winterschutz geben.
Ähnliche Sorte:
- 'Sternzauber': Kleinere Blüten in dichten Stutzen.

'Kabarett'

◑ ✿(5)–6 ⬆130 ⬌160

Blütenfarbe: Kräftig lilarosa mit sternartiger Aufhellung zur Mitte hin. Auffälliger weinroter Schlundfleck.
Blütenform: Weit geöffnete große Einzelblüten mit stark gerüschtem Blütenrand. Kugeliger Blütenstutz mit 10–12 Blüten.
Laub: Dunkelgrün, schmal elliptisch, glänzend.
Wuchs: Breitbuschig, kompakt, gleichmäßig.
Merkmale: Auffallende neue Sorte mit edler Ausstrahlung. Sehr gute Winterhärte. Die Sorte hat bereits Preise auf Ausstellungen gewonnen.
Verwendung: Einzelstellung, im Vordergrund von Gruppenpflanzungen.
Pflege: Bei Trockenheit wässern, eine Mulchschicht hält die Feuchtigkeit länger im Boden. Abgeblühte Blütenstutze vorsichtig herausbrechen. Nach einer Herbstpflanzung im ersten Winter eventuell leichten Winterschutz geben.
Ähnliche Sorten:
- 'Kokardia': Blüten mehr rosa.
- 'Lugano': Spät blühend, glatte Blütenränder.

'Lady Annette de Trafford'

◑ ✿6 ⬆180 ⬌200

Blütenfarbe: Intensiv hellrosa mit auffälligem rotbraunem Schlundfleck.
Blütenform: Kuppelförmiger Blütenstutz mit mittelgroßen Einzelblüten. Blüten weit geöffnet. Gut sichtbare gelbe Staubfäden.
Laub: Dunkel blaugrün, glänzend, spitzoval.
Wuchs: Locker, aber gleichmäßg, elegant.
Merkmale: Ältere bewährte Sorte, die sich durch ihren lockeren Wuchs gut in gemischte Gehölzgruppen einfügt. Gute Winterhärte. Sehr späte Blüte! Verwendung: Einzelstellung, in Gruppenpflanzungen und Hecken.
Pflege: Bei Trockenheit wässern, eine Mulchschicht hält die Feuchtigkeit länger im Boden. Nach einer Herbstpflanzung im ersten Winter eventuell leichten Winterschutz geben.

'Lady Annette de Trafford'

'Lee's Dark Purple'

◑ ✿5–(6) ⬆250 ⬌300

Blütenfarbe: Gedämpftes Violett mit einer sternförmigen rosa Aufhellung im Inneren. Kontrastierender hellbrauner Schlundfleck.
Blütenform: Kuppelförmiger Blütenstutz mit großen, weit geöffneten Einzelblüten.
Laub: dunkelgrün, glänzend, konkav gerollt.
Wuchs: Kräftig, locker, breit aufrecht.
Merkmale: Bewährte, gut winterharte Sorte mit sanfter, gut zu kombinierender Blütenfarbe.
Verwendung: Einzelstellung, im Hintergrund von Gruppenpflanzungen, Hecken.
Pflege: Bei Trockenheit wässern, eine Mulchschicht hält die Feuchtigkeit länger im Boden. Nach einer Herbstpflanzung im ersten Winter eventuell leichten Winterschutz geben.
Ähnliche Sorten:
- 'Edwin O. Weber': Mehr rosa.
- 'Purpureum Grandiflorum': Ähnliche Farbe, aber kein Schlundfleck.

'Marcel Menard'

◑ ✿6 ⬆160 ⬌150

Blütenfarbe: Intensiv dunkelviolett mit gelbem getigertem Schlundfleck.
Blütenform: Blütenstutze in perfekter Ballform mit dicht

'Marcel Menard'

gedrängten mittelgroßen Einzelblüten.
Laub: Mittelgrün, schwach glänzend.
Wuchs: Kräftig, breit aufrecht, dichtbuschig.
Merkmale: Spät blühende Sorte mit ungewöhnlicher dunkler Blütenfarbe. Gut frosthart.
Verwendung: Einzelstellung, in Gruppenpflanzungen.
Pflege: Bei Trockenheit wässern, eine Mulchschicht hält die Feuchtigkeit länger im Boden. Abgeblühte Blütenstutze vorsichtig herausbrechen. Nach einer Herbstpflanzung im ersten Winter eventuell leichten Winterschutz geben.

Ähnliche Sorten:
- 'Frank Galsworthy': Purpurviolett mit gelbem Schlundfleck.
- 'Purple Splendour': Tiefviolett mit schwarzem Fleck.

'Mrs. P. den Ouden'

◑ ✿ 5 ⬆ 120 ⬌ 140

Blütenfarbe: Kräftig purpurrosa mit dezentem roten Schlundfleck.
Blütenform: Kugelförmiger Blütenstutz mit wenigen, aber großen Einzelblüten. Blütensaum stark gewellt.
Laub: Mittelgrün, matt, groß.
Wuchs: Breitwüchsig, sehr gleichmäßiger Aufbau.
Merkmale: Langsam wachsende Sorte mit ausgezeichneter Winterhärte. Blütenfarbe lässt sich gut kombinieren.
Verwendung: Einzelstellung, im Vordergrund von Gruppenpflanzungen, an Sitzplätzen.
Pflege: Bei Trockenheit wässern, eine Mulchschicht hält die Feuchtigkeit länger im Boden. Abgeblühte Blütenstutze vorsichtig herausbrechen. Eventuell leichten Winterschutz im ersten Winter nach einer Herbstpflanzung geben.
Ähnliche Sorten:
- 'Catherine van Tol': Reinrosa.
- 'Rosabella': Tiefrosa, gut winterhart.

'Mrs. Anthony Waterer'

◑ ✿ (5)–6 ⬆ 200 ⬌ 250

Blütenfarbe: Zartes Puderlila mit einem überaus auffallendem, sehr großen ockerfarbenen Schlundfleck.
Blütenform: Kuppelförmiger Blütenstutz mit bis zu 20 Einzelblüten, die selbst ungewöhnlich groß sind. Die Blüten sind weit geöffnet, sodass die Schlundzeichnung besonders gut zu sehen ist.

'Mrs. Anthony Waterer'

'Nova Zembla'

Laub: Dunkelgrün, leicht glänzend, groß.
Wuchs: Kräftig, breit aufrecht.
Merkmale: Alte bewährte Sorte mit ganz ungewöhnlich gefärbten Blüten und gute Fernwirkung. Ausgezeichnete Winterhärte.
Verwendung: Einzelstellung, in Gruppenpflanzungen, Hecken.
Pflege: Bei Trockenheit wässern, eine Mulchschicht hält die Feuchtigkeit länger im Boden. Nach einer Herbstpflanzung im ersten Winter eventuell leichten Winterschutz geben.
Ähnliche Sorte:
- 'Mrs. T. H. Lowinsky': Schwestersorte mit orangebrauner Zeichnung.

'Nova Zembla'

◑ ✿ 5–6 ⬆ 200 ⬌ 220

Blütenfarbe: Leuchtend rubinrot mit einer dezenten schwarzen Schlundfärbung.
Blütenform: Hochrunder Blütenstutz mit etwa 15 mittelgroßen Einzelblüten. Blütenränder leicht gewellt.
Laub: Dunkelgrün, im Austrieb hellgrün, glänzend.
Wuchs: Kräftig, breitbuschig, im Alter locker.
Merkmale: Bewährte ältere Sorte mit bester Winterhärte.
Verwendung: Einzelstellung, in Gruppenpflanzungen, Hecken.
Pflege: Bei Trockenheit wässern, eine Mulchschicht hält die Feuchtigkeit länger im Boden. Nach einer Herbstpflanzung im ersten Winter eventuell leichten Winterschutz geben.
Ähnliche Sorten:
- 'Old Port': Blütenfarbe mehr zu violett tendierend.
- 'Wilgen's Ruby': Tiefrot, noch dunkler.

'Pfauenauge'

◑ ✿ (5)–6 ⬆ 120 ⬌ 150

Blütenfarbe: Fliederfarbene Blüten mit ausdrucksvollem

rubinrotem Schlundfleck. Sehr lebhaftes Farbenspiel.
Blütenform: Große Einzelblüten, dicht gedrängt in flachem Blütenstutz. Blütenränder stark gewellt.
Laub: Mittelgrün, schmal, leicht glänzend.
Wuchs: Kompakt, rundlich, breiter als hoch.
Merkmale: Ansprechende Neuzüchtung mit guter Fernwirkung. Gleichmäßiger kompakter Wuchs, sehr gute Winterhärte.
Verwendung: Einzelstellung, im Vordergrund von Gruppenpflanzungen.
Pflege: Bei Trockenheit wässern, eine Mulchschicht hält die Feuchtigkeit länger im Boden. Abgeblühte Blütenstutze vorsichtig herausbrechen. Nach einer Herbstpflanzung im ersten Winter eventuell leichten Winterschutz geben.
Ähnliche Sorten:
- 'Diadem': Heller, weniger auffällig.
- 'Hyperion': Blüten heller, fast weiß.

'Rasputin' fällt durch eine sehr lebhafte Schlundzeichnung auf.

'Rasputin'

◑ ✿5–6 ⬆120 ⬌130

Blütenfarbe: Dunkel violettblau mit braunrotem Schlundfleck.
Blütenform: Flachkugeliger Blütenstutz mit dicht gedrängten Einzelblüten. Blütenränder stark gekräuselt. Lebhafter Gesamteindruck durch die gut sichtbaren hellgelben Staubfäden.
Laub: Dunkelgrün, schmal, glänzend.
Wuchs: Breitaufrecht, dichtbuschig, mittelstark.
Merkmale: Moderne Sorte mit ausgezeichneten Eigenschaften und sehr guter Winterhärte.
Verwendung: Einzelstellung, im Vordergrund von Gruppenpflanzungen. Auch als Hintergrund für hell blühende Zwergsorten.
Pflege: Bei Trockenheit wässern, eine Mulchschicht hält die Feuchtigkeit länger im Boden. Abgeblühte Blütenstutze vorsichtig herausbrechen. Nach einer Herbstpflanzung im ersten Winter eventuell leichten Winterschutz geben.
Ähnliche Sorten:
- 'Lilofee': ballförmige Blütenstutze.
- 'Polarnacht': sehr dunkel, rötlicheres Lila.

Eine alte, aber immer noch überzeugende Sorte: 'Roseum Elegans'.

'Roseum Elegans'

◑ ✿ (5)–6 ⬆ 200 ⬌ 250

Blütenfarbe: Reines Mittelrosa ohne sichtbare Schlundzeichnung.
Blütenform: Ballförmiger Blütenstutz mit eher kleinen, aber zahlreichen dicht gedrängten Einzelblüten.
Laub: Dunkelgrün, glänzend, schmal.
Wuchs: Kräftig, aufrecht, raschwüchsig, im Alter stark in die Breite wachsend.
Merkmale: Alte bewährte Sorte aus der Catawbiense-Gruppe mit sehr verträglicher Blütenfarbe.
Verwendung: Einzelstellung, im Hintergrund von Gruppenpflanzungen. Besonders für hohe Hecken geeignet.
Pflege: Bei Trockenheit wässern, eine Mulchschicht hält die Feuchtigkeit länger im Boden. Nach einer Herbstpflanzung im ersten Winter eventuell leichten Winterschutz geben.
Ähnliche Sorten:
- 'Duke of York': Kräftig getigerte Schlundzeichnung. Blüten duften!
- 'Roseum Pink': Kräftigeres Rosa

'Scintillation'

◑ ✿ 5–6 ⬆ 180 ⬌ 250

Blütenfarbe: Reinrosa, im Inneren der Blüte nach gelb verlaufend. Getigerte braune Schlundzeichnung.
Blütenform: Weit geöffnete große Einzelblüten in flachkugeligen Blütenstutzen.
Laub: Dunkelgrün, schmal, stark glänzend.
Wuchs: Kräftig, aber kompakt und gleichmäßig. In der Jugend etwas unordentlicher Wuchs, später aber perfekt.
Merkmale: Amerikanische Züchtung mit guter Winterhärte. Sehr ansprechende Gesamtwirkung, verträgliche Blütenfarbe.
Verwendung: Einzelstellung, in Gruppenpflanzungen. Nicht für besonnte Standorte geeignet.
Pflege: Bei Trockenheit wässern, eine Mulchschicht hält die Feuchtigkeit länger im Boden. Abgeblühte Blütenstutze vorsichtig herausbrechen. Nach einer Herbstpflanzung im ersten Winter eventuell leichten Winterschutz geben.
Ähnliche Sorten:
- 'Le Progres': Kräftig rosa, etwas heller.
- 'Ornament': Rote Schlundzeichnung.

'Simona'

◑ ✿5 ⬆180 ⬌200

Blütenfarbe: Cremeweiß bis zartrosa, innen gelb mit braun getigerter Schlundzeichnung.
Blütenform: Runder Blütenstutz mit sehr großen Einzelblüten. Blütenrand leicht gewellt.
Laub: Dunkelgrün, glänzend, konkav gebogen.
Wuchs: In der Jugend etwas sparrig, später gleichmäßig kuppelförmig.
Merkmale: Schöne Sorte mit früher Blüte. Besonders für schattige Standorte geeignet, dort auch gut winterhart. Zahlreiche Preise auf Ausstellungen.
Verwendung: Einzelstellung, in Gruppenpflanzungen.
Pflege: Bei Trockenheit wässern, eine Mulchschicht hält die Feuchtigkeit länger im Boden. Abgeblühte Blütenstutze vorsichtig herausbrechen. Nach einer Herbstpflanzung im ersten Winter eventuell leichten Winterschutz geben.
Ähnliche Sorte:
- 'Peter Vermeulen': Etwas dunkler.

'Susan'

◑ ✿5 ⬆250 ⬌250

Blütenfarbe: Sanftes Blauviolett, fast schon hellblau. Dezenter getüpfelter Schlundfleck.
Blütenform: Kugeliger Blütenstutz mit großen Einzelblüten, locker aufgebaut. Glockige Blüten mit gewelltem Rand.
Laub: Mittelgrün, elliptisch, schwach glänzend.
Wuchs: Breitaufrecht, locker, aber gleichmäßig. Kräftiger Zuwachs.
Merkmale: Schöne früh blühende Sorte für geschützten Standort. Kommt auch im tieferen Schatten gut zurecht.
Verwendung: Einzelstellung, in Gruppenpflanzungen, Hecken.
Pflege: Bei Trockenheit wässern, eine Mulchschicht hält die Feuchtigkeit länger im Boden. Nach einer Herbstpflanzung im ersten Winter eventuell leichten Winterschutz geben.
Ähnliche Sorte:
- 'Konsonanz': Etwas dunkleres Blau.

'Simona'

'Susan'

'Viscy'

◑ ✿5 ⬆120 ⬌130

Blütenfarbe: Kupfer- bis bronzefarben, Knospen orange, im Aufblühen heller werdend. Braune Tüpfel als Schlundzeichnung.
Blütenform: Glockig, in lockerem flachem Blütenstutz, leicht hängend.
Laub: Dunkelgrün, stark glänzend, breitoval.
Wuchs: Breitbuschig, kompakt, mittelstark wachsend.
Merkmale: Interessante Farbsorte mit früher Blütezeit. Einigermaßen frosthart, für geschützte Standorte; vom Frost geschädigte Pflanzen erholen sich aber in der Regel gut.
Verwendung: Einzelstellung, im Vordergrund von Gruppenpflanzungen.
Pflege: Bei Trockenheit wässern, eine Mulchschicht hält die Feuchtigkeit länger im Boden. Abgeblühte Blütenstutze vorsichtig herausbrechen. Leichter Winterschutz ist nach einer Herbstpflanzung anzuraten.

Aparte Erscheinung: 'Viscy'.

Ähnliche Sorten:
- 'Belkanto': Farbe ähnlich, aber gkräuselte Blütenränder.
- 'Stadt Westerstede': Blüten heller, mehr ins Gold tendierend. Bessere Winterhärte.

'Vorwerk Abendsonne'

◑ ✿5 ⬆120 ⬌120

Blütenfarbe: Leuchtend orangerot mit hellerer Mitte. Sehr ungewöhnliche Farbe!
Blütenform: Flacher Blütenstutz mit kleinen, aber zahlreichen dicht gedrängten Einzelblüten.
Laub: Mittelgrün, spitzoval, leicht glänzend.
Wuchs: Kompakt, dichtbuschig, schwachwüchsig.
Merkmale: Seltene Blütenfarbe, etwas schwierig zu vergesellschaften, harmoniert aber gut mit Azaleen derselben Farbgruppe. Gute Winterhärte.
Verwendung: Einzelstellung, im Vordergrund von Gruppenpflanzungen.
Pflege: Bei Trockenheit wässern, eine Mulchschicht hält die Feuchtigkeit länger im Boden. Abgeblühte Blütenstutze vorsichtig herausbrechen. Nach einer Herbstpflanzung im ersten Winter eventuell leichten Winterschutz geben.

Rhododendron-Williamsianum-Hybriden (Glocken-Rhododendren)

Der deutsche Name »Glocken-Rhododendron« benennt schon das wesentliches Merkmal: Die Blüten besitzen eine ausgepräg te Glockenform, die Blütenstutze wirken dadurch wesentlich weniger ballförmig als bei den großblütigen Hybriden. Sorten dieser Gruppe zeichnen sich durch eine besonders frühe Blütezeit aus. Daher ist es ratsam, ihnen einen geschützten Standort zu geben, damit die Blüten nicht durch Spätfröste gefährdet werden. Die Winterhärte der Pflanzen selbst ist gut.

Williamsainum-Hybriden sind an ihren glockigen Blüten zu erkennen; hier die Sorte 'Glockenspiel'.

'August Lamken'

◑ ✿5 ⬆120 ⬌150

Blütenfarbe: Rubinrosa, außen dunkler. Dunkelrote Knospen.
Blütenform: Glockige Einzelblüten, locker überhängend. Blütenstutze mit etwa 10 Einzelblüten.
Laub: Dunkelgrün, matt. Breit eiförmig ohne Spitze.
Wuchs: Dicht kompakt, mehr breit als hoch wachsend.
Merkmale: Frühe Blüte, edle glockige Blütenform. Besonders winterharte und starkwüchsige Sorte.
Verwendung: Einzelstellung, in Gruppenpflanzungen.
Pflege: Bei Trockenheit wässern, eine Mulchschicht hält die Feuchtigkeit länger im Boden. Abgeblühte Blütenstutze vorsichtig herausbrechen. Nach einer Herbstpflanzung im ersten Winter eventuell leichten Winterschutz geben.

'Gartendirektor Glocker'

◑ ✿5 ⬆120 ⬌120

Blütenfarbe: Rosarot, im Aufblühen heller werdend.
Blütenform: Glockige Einzelblüten, locker überhängend. Blütenstutze mit etwa 10 Einzelblüten.

'August Lamken'

Laub: Dunkelgrün, matt. Breit eiförmig ohne Spitze, leicht gedreht.
Wuchs: Dicht kompakt, mehr breit als hoch wachsend.
Merkmale: Frühe Blüte, edle glockige Blütenform. Gute Winterhärte.
Verwendung: Einzelstellung, in Gruppenpflanzungen, besonders im Vordergrund.
Pflege: Bei Trockenheit wässern, eine Mulchschicht hält die Feuchtigkeit länger im Boden. Abgeblühte Blütenstutze vorsichtig herausbrechen. Nach einer Herbstpflanzung im ersten Winter eventuell leichten Winterschutz geben.

'Jackwill'

◑ ✿5 ⬆80 ⬌100

Blütenfarbe: Zartrosa, im Aufblühen fast weiß.
Blütenform: Glockige Einzelblüten, locker überhängend. Blütenstutze mit etwa 10 Einzelblüten.
Laub: Mittelgrün, matt, im Austrieb hellgrün. Breit eiförmig ohne Spitze.
Wuchs: Dicht kompakt, mehr breit als hoch wachsend.
Merkmale: Frühe Blüte, edle glockige Blütenform. Ausreichend winterharte, eher schwachwüchsige Sorte.
Verwendung: Einzelstellung, in Gruppenpflanzungen, besonders im Vordergrund.
Pflege: Bei Trockenheit wässern, eine Mulchschicht hält die Feuchtigkeit länger im Boden. Abgeblühte Blütenstutze vorsichtig herausbrechen. Nach einer Herbstpflanzung im ersten Winter eventuell leichten Winterschutz geben.

'Lissabon'

'Lissabon'

◑ ✿5 ⬆100 ⬌150

Blütenfarbe: Kräftig rosarot, innen heller.
Blütenform: Glockige Einzelblüten, locker überhängend. Blütenstutze mit etwa 10 Einzelblüten.
Laub: Dunkelgrün, matt, im Austrieb bronzefarben. Breit eiförmig ohne Spitze.

Wuchs: Dicht kompakt, mehr breit als hoch wachsend.
Merkmale: Relativ spät blühende Sorte dieser Gruppe, daher weniger spätfrostgefährdet. Edle glockige Blütenform. Besonders winterharte und kompakte Sorte.
Verwendung: Einzelstellung, in Gruppenpflanzungen, besonders im Vordergrund.
Pflege: Bei Trockenheit wässern, eine Mulchschicht hält die Feuchtigkeit länger im Boden. Abgeblühte Blütenstutze vorsichtig herausbrechen. Nach einer Herbstpflanzung im ersten Winter eventuell leichten Winterschutz geben.

'Rothenburg'

◑ ✿5 ⬆200 ⬌200

Blütenfarbe: Cremeweiß, Knospen hellgelb.
Blütenform: Glockige Einzelblüten, locker überhängend. Blütenstutze mit etwa 10 Einzelblüten.
Laub: Dunkelgrün, stark glänzend. Breit eiförmig ohne Spitze.
Wuchs: Dicht kompakt, mehr breit als hoch wachsend.
Merkmale: Frühe Blüte, edle glockige Blütenform. Besonders hohe und starkwüchsige Sorte, die Winterhärte ist befriedigend.
Verwendung: Einzelstellung, in Gruppenpflanzungen.
Pflege: Bei Trockenheit wässern, eine Mulchschicht hält die Feuchtigkeit länger im Boden. Abgeblühte Blütenstutze vorsichtig herausbrechen. Nach einer Herbstpflanzung im ersten Winter eventuell leichten Winterschutz geben.
Ähnliche Sorte:
'Gartendirektor Rieger': Cremeweiß mit getüpfelter roter Schlundzeichnung. Knospen rosarot. Wuchshöhe 150 cm. Bessere Winterhärte.

'Vater Böhlje', mit Stauden als Unterpflanzung.

'Vater Böhlje'

◑ ✿5 ⬆70 ⬌100

Blütenfarbe: Hellviolett, Außenseite rosa getönt.
Blütenform: Glockige Einzelblüten, locker überhängend. Blütenstutze mit etwa 10 Einzelblüten.
Laub: Dunkelgrün, leicht glänzend. Breit eiförmig ohne Spitze.
Wuchs: Dicht kompakt, mehr breit als hoch wachsend.
Merkmale: Frühe Blüte, edle glockige Blütenform. Besonders winterharte und kompakte Sorte.
Verwendung: Einzelstellung, in Gruppenpflanzungen, besonders im Vordergrund.
Pflege: Bei Trockenheit wässern, eine Mulchschicht hält die Feuchtigkeit länger im Boden. Abgeblühte Blütenstutze vorsichtig herausbrechen. Nach einer Herbstpflanzung im ersten Winter eventuell leichten Winterschutz geben.

Rhododendron-Yakushimanum-Hybriden (Ball-Rhododendren)

Die Kreuzung großblütiger Hybriden mit der japanischen Wildart *Rhododendron yakushimanum* hat zu einer Fülle neuer Sorten geführt, die sich durch etliche positive Eigenschaften auszeichnen:

- niedriger, kompakter Wuchs
- gute Frosthärte
- besonders reiche Blüte
- schon als junge Pflanzen äußerst reichblütig
- sehr kräftige Blütenfarben
- sehr dekorativer, filziger Laubaustrieb
- auch für sonnige Standorte geeignet

Damit sind Yakshimanum-Hybriden die erste Wahl für kleine Gärten und, da sie auch sonnige Standorte problemlos vertragen, vielseitig einsetzbar. Generell empfehlen sich Einzelpflanzung oder kleine Gruppen. Ihre überreiche Blütenfülle lässt sich vom Haus aus bewundern, wenn man sie, vielleicht umgeben von kleinen Zwiebelblumen und Zweijährigen wie etwa Vergissmeinnicht, in ein Beet an der Terrasse pflanzt. Durch ihre geringe Höhe passen sie zudem als Vorpflanzung vor mittelhohen Sträuchern, die im Sommer blühen.

Besonders kompakte Sorten bieten sich auch für die Kübelpflanzung auf der Terrasse an; hierbei ist aber eine ausreichende und regelmäßige Wasserversorgung besonders wichtig.

Bei Trockenheit sollten Sie sämtliche Mitglieder dieser Gruppe wässern, eine Mulchschicht hält die Feuchtigkeit länger im Boden. Abgeblühte Blütenstutze kann man vorsichtig herausbrechen. Bei Herbstpflanzung ist es hilfreich, im ersten Winter leichten Winterschutz zu geben.

Alle Yakushimanum-Hybriden blühen je nach klimatischen Bedingungen im Mai und Juni, frühe Sorten ab Anfang, die meisten ab Mitte Mai.

Rhododendron-Yakushimanum-Hybriden wachsen besonders kompakt und sind reichblütig.

Achten Sie bei der Gartengestaltung darauf, dass die Gehölze von ihrem Charakter her zusammenpassen: Rhododendron und mediterran anmutende Silberlaubige harmonieren definitiv nicht miteinander, auch wenn die sonnenverträglichen Yakushimanum-Hybriden auf kalktoleranten INKARHO®-Unterlagen auf durchlässigen Lehmböden zufriedenstellend wachsen. Japanische Ahorne, Blütenkirschen, Scheinhasel und Zaubernuss, aber auch unauffällige Decksträucher bilden dagegen eine gute Nachbarschaft.

'Anilin'

○–◑ ✿5–6 ⬆120 ⬌150

Blütenfarbe: Außen kräftig rosarot, innen hellrosa bis weiß, Blütenzeichnung wirkt fast sternförmig. Blütenknospen kräftig rosa. Gelbe Staubblätter ragen aus der Blüte heraus und sind gut sichtbar. Gute Fernwirkung.
Blütenform: Rundliche Blütenstutze mit bis zu 20 Blüten, mittelgroße Einzelblüten.
Laub: Dunkelgrün, länglich, mittelgroß. Silbriger Laubaustrieb nach der Blüte.
Wuchs: Dichte kompakte Büsche bildend, breiter als hoch.
Merkmale: Sorte mit sehr guter Winterhärte, langsamer gleichmäßiger Zuwachs.
Ähnliche Sorten:
• 'Anuschka': dunkelrosa mit heller Mitte;
• 'Pink Cherub': Knospen kräftig dunkelrosa, im Aufblühen hellrosa mit pinkrosa Rand, bläuliches Laub.

'Blurettia'

○–◑ ✿5–6 ⬆100–200 ⬌130

Blütenfarbe: Kräftig rotviolett, im Inneren der Blüte heller. Auch die Knospen sind kräftig gefärbt. Die ins Purpur gehende Blütenfarbe ist bei den Yakushimanum-Hybriden eher selten.
Blütenform: Dichte, ballförmige Stutze mit großen Einzelblüten, 10–15 Blüten pro Stutz. Blütensäume dekorativ gerüscht.
Laub: Dunkelgrün, glänzend, länglich.
Wuchs: Dichte kompakte Büsche bildend, breiter als hoch.
Merkmale: Sorte mit sehr guter Winterhärte, langsamer gleichmäßiger Zuwachs.

'Caroline Allbrook'

○–◑ ✿5–6 ⬆90–100 ⬌120

Blütenfarbe: Im Aufblühen rein violett, später zu einem pudrigen Hellviolett verblassend. Innen heller, fast weiß.
Blütenform: Sehr großblütig, bis zu 15 Blüten pro Stutz, Blütenstutz ball- bis kuppelförmig. Die Blütenränder sind stark gekräuselt, der Farbverlauf wird hierdurch noch besonders betont.

'Anilin'

'Caroline Albrook'

'Fantastica'

Laub: Dunkelgrün, leicht glänzend, länglich, mittelgroß.
Wuchs: Dicht kompakt, etwas mehr in die Breite als in die Höhe.
Merkmale: Sehr reichblühende Sorte mit einer aparten, gut zu kombinierenden Blütenfarbe. Eine englische Züchtung, die trotzdem über eine ausgezeichnete Winterhärte verfügt.
Ähnliche Sorten:
- 'Ernest Inman': Blütenfarbe etwas mehr zu rosa tendierend, braun-getüpfelte Schlundzeichnung, Ränder stark gerüscht.
- 'Bohlken's Lupinenberg': Kräftigeres Violett, sehr dunkler Blütenrand, gelbe Schlundzeichnung.

'Emanuela'

○–◑ ✿ 5–6 ⬆ 100 ⬌ 150

Blütenfarbe: Rosarot mit weißer Mitte, sehr kontrastreich. Knospen kräftig rosarot.
Blütenform: Flachkugeliger Blütenstutz mit etwa 15 Einzelblüten, Blüten mittelgroß. Leicht gewellter Blütenrand. Die Blütenblätter sind von recht derber Konsistenz, daher sehr regenfest.
Laub: Dunkelgrün, matt, sehr schmal.
Wuchs: Dichtkompakt, breiter als hoch.
Merkmale: Ansprechende Sorte, extrem winterhart, gute Fernwirkung. Hat auf Ausstellungen zahlreiche Preise gewonnen.
Ähnliche Sorten:
- 'Arabella': Rosa mit heller Mitte, Blütensaum stark gerüscht.
- 'Marlis': Die Blüten zeigen ein helleres Rosa, daher weniger Kontrast, gute Winterhärte, silbriger Laubaustrieb nach der Blüte.

'Fantastica'

○–◑ ✿ 5–6 ⬆ 120 ⬌ 150

Blütenfarbe: hellrot, ins Lachsfarbene changierend, im Inneren hellrosa. Im Aufblühen verstärkt sich der Lachston und wandelt sich im Verblühen in ein zartes Rosa. Der blühende Strauch zeigt daher ein sehr lebhaftes Farbenspiel.
Blütenform: Kugelrunder Stutz aus bis zu 18 sehr großen Einzelblüten. Die Blüten sitzen dicht aneinander. Leicht gewellter Blütensaum.
Laub: Dunkelgrün, länglich, matt glänzend. An den Rändern ganz leicht gerollt.
Wuchs: Kräftig, breitkompakt.

Merkmale: Eine Sorte mit spektakulärer Fernwirkung. Die Blütenfarbe ist ein wenig schwierig zu kombinieren, am besten mit weiß blühenden Pflanzen umgeben. Sehr winterhart, gleichmäßiger Zuwachs. Die Sorte hat auf Ausstellungen zahlreiche Preise gewonnen.
Ähnliche Sorten:
- 'Colibri': Lachsrote Blüten, zur Mitte hin nur wenig aufhellend, gelbe Staubblätter gut sichtbar, glänzendes Laub.

'Flava'

○–◑ ✿ 5–6 ⬆ 120 ⬌ 150

Blütenfarbe: Hellgelb bis cremefarben, die Knospen sind rosa überhaucht. Im Inneren der Blüten ist eine dezente braunrote Zeichnung sichtbar.
Blütenform: Blütenstutz von lockerem Aufbau, bestehend aus bis zu 10 Einzelblüten. Blüten glockig, etwas überhängend, mit leicht gewelltem Rand.
Laub: Dunkelgrün, langoval, glänzend.
Wuchs: Kräftig, kompakt, stark in die Breite wachsend.
Merkmale: Die erste und immer noch winterhärteste gelb blühende Yakushimanum-Hybride, die durch Einkreuzen von *Rhododendron-Wardii*-Formen entstanden ist. Auch wenn die Farbe etwas verwaschen erscheint, ist sie doch sehr ansprechend. Neuere Sorten zeigen zwar ein klareres Gelb, ihre Winterhärte in kalten Gegenden ist aber nach wie vor nicht völlig befriedigend.
Ähnliche Sorten:
- 'Babette': Blüten mehr zu cremerosa tendierend, aber deutlicher Gelbanteil. Die Winterhärte ist zufriedenstellend.
- 'Golden Melody': Hell cremegelbe Blüten mit dunklerer Mitte und einem Stich ins Bräunliche, sehr große Blüten. Gute Winterhärte.
- 'Lucinda': Sehr kompakte Neuheit, wird nur etwa 60 cm hoch. Blüten primelgelb, glänzendes Laub mit filziger Unterseite. Gute Winterhärte.

'Helgoland'

○–◑ ✿ 5–6 ⬆ 80 ⬌ 100

Blütenfarbe: Reines Karminrosa, Knospen einige Nuancen dunkler. Gut sichtbare hellgelbe Staubblätter.
Blütenform: Ballförmiger Blütenstutz, Einzelblüten mittelgroß. Stark gerüschter Rand und gut sichtbare Staubblätter.

'Flava'

Laub: Dunkelgrün, schmal, glänzend.
Wuchs: Sehr kompakt, breiter als hoch.
Merkmale: Bereits als junge Pflanze überreich blühend, langsam wachsend.
Das klare Karminrosa harmoniert mit vielen Blütenfarben. Äußerst winterharte Sorte!
Ähnliche Sorten:
- 'Bad Sassendorf': Rosarot, im Verblühen aufhellend. Breitwüchsig bis 2 m; etwas früher blühend.
- 'Sonatine': Karminrosa mit gelblicher Mitte, weißfilziger Laubaustrieb, sehr gute Winterhärte.
- 'Sneezy': Mehr ins Rot tendierende Blütenfarbe, nicht so stark in die Breite wachsend.

Laub: Dunkelgrün, glänzend, langoval. Leicht konkav gebogen, wodurch der Glanz noch besser zur Wirkung kommt.
Wuchs: Sehr kompakt, langsamwüchsig, in die Breite wachsend.
Merkmale: Angenehme Blütenfarbe, die sich gut kombinieren lässt. Die Winterhärte ist für eine Sorte mit Wardii-Blut recht gut. Auch nach der Blüte durch das schöne Laub eine Zierde.
Ähnliche Sorte:
• 'Goldprinz': Blüte goldgelb mit brauner Tigerzeichnung im Schlund. Winterschutz empfehlenswert.

'Kalinka'

'Kalinka'

○–◑ ✿ 5–6 ⬆ 120 ⬌ 150

Blütenfarbe: Rubinrosa mit hellerer Mitte; Knospen kräftig dunkelrot. Das Innere wird zusätzlich durch eine gelbgrüne Zeichnung belebt.
Blütenform: Kugeliger Blütenstutz mit mittelgroßen Einzelblüten. Ränder der Blütenblätter leicht gerollt.
Laub: Dunkelgrün, länglich, stark glänzend.
Wuchs: Kräftig, gleichmäßig, sehr dicht und kompakt.
Merkmale: Ausgezeichnete Sorte, reichblühend, sehr wüchsig. Durch das Farbenspiel von Knospen und Blüten entsteht ein sehr lebhafter Eindruck. Gute Fernwirkung.
Ähnliche Sorte:
'Rendezvous': Etwas hellere Blüte mit weißer Mitte, sehr dunkles blaugrünes Laub. Gute Winterhärte.

'Marietta'

○–◑ ✿ 5–6 ⬆ 80 ⬌ 120

Blütenfarbe: Hell cremegelb, Knospen kupferfarbig. Ein sehr warmer Farbton!
Blütenform: Lockerblütiger flacher Stutz mit 10–15 mittelgroßen Einzelblüten. Dezente Sprenkelung in der Blütenmitte. Die Blütenränder sind leicht gewellt.

'Morgenrot'

○–◑ ✿ 5 ⬆ 120 ⬌ 180

Blütenfarbe: Im Aufblühen zeigen die Blüten ein fast reines Rot, später rosa überhaucht. Innen heller, zur Mitte hin fast weiß. Sehr lebhafte Farbwirkung.
Blütenform: Ballförmiger Blütenstutz, dicht mit großen Blüten besetzt. Blütenränder leicht gekräuselt.
Laub: Dunkelgrün, spitzoval, sehr schön glänzend.
Wuchs: Kompakt, dichtbuschig, stark in die Breite wachsend.
Merkmale: Blüht im Schnitt 2 Wochen eher als die anderen

Sorten. Lebhafte Blütenfärbung, gute Fernwirkung. Die Winterhärte ist gut. Die Sorte hat zahlreiche Preise auf Ausstellungen erhalten.

Ähnliche Sorte:

- 'Maifreude': Blütenfarbe mehr zu weinrot tendierend, Blütenrand stark gerüscht. Etwas langsamer wachsend.

'Percy Wiseman'

○–◑ ✿ 5–(6) ⬆ 120 ⬌ 150

Blütenfarbe: Sehr aparte Blütenfärbung, die zwischen rosa und lachs changiert. Im Aufblühen stärker rosa gefärbt, später erhöht sich der Gelbanteil, bis die Blüten ein rosiges Cremegelb zeigen. Intensiv gelbe Zeichnung im Inneren.
Blütenform: Weit geöffnete, fast sternförmige Blüten in kugeligen Blütenstutzen. Einzelblüten recht groß, etwa 10 pro Stutz.
Laub: Dunkelgrün, recht breit, matt.
Wuchs: Kompakt, rundlich.
Merkmale: Sorte mit interessanter und seltener Blütenfärbung. Trotz englischer Herkunft sehr gut winterhart.

'Percy Wiseman'

Ähnliche Sorte:

- 'Mist Maiden': Die Blüten tendieren klarer zu Rosa, werden im Verblühen fast weiß. Frühe Blüte, Knospen sind dekorativ behaart, ebenso die Unterseiten der Blätter.

'Morgenrot'

'Polaris'

○–◑ ✿ 5–6 ⬆ 110 ⬌ 150

Blütenfarbe: Intensiv leuchtendes Rosa, zu Mitte hin hellrosa mit gelbgrüner Schlundzeichnung.
Blütenform: Lockerer Blütenstutz mit 10–15 mittelgroßen Einzelblüten. Blütenränder stark gerüscht.
Laub: Dunkelgrün, leicht glänzend. Blattränder konkav umge-

rollt, Unterseite filzig behaart. Wuchs: Zunächst kuppelförmig, später sehr breitwüchsig, aber immer kompakt und dicht.
Merkmale: Bereits als junge Pflanze sehr reichblühend, extrem winterhart und auch an Problemstandorten immer zuverlässig.
Ähnliche Sorten:
- 'Heinje´s Zauberflöte': Reinrosa Blüten, im Verblühen heller werdend, stark gerüschter Blütenrand.
- 'Ken Janeck': Blüten außen rosa, innen weiß, mit gelber Schlundzeichnung. Kompakter Wuchs, filzig-weißer Laubaustrieb. Sehr winterhart.
- 'Yaku Sunrise': Dicht besetzter Blütenstutz, reinrosa Blüten, dunkelrosa Knospen. Laub unterseits filzig behaart.

'Polaris'

'Schwanensee'

'Schwanensee'

○–◑ ✿ 5–6 ⬆ 120 ⬌ 150

Blütenfarbe: Reinweiß, im Innern mit dezenter gelber Schlundzeichnung. Knospen zartrosa.
Blütenform: Mittelgroße Einzelblüten in kompaktem kugeligem Blütenstutz.
Laub: Dunkelgrün, länglich, mit deutlicher konkaver Wölbung.
Wuchs: Kompakt, dichtbuschig, in jungen Jahren raschwüchsig.
Merkmale: Reichblütige Sorte, schon als junge Pflanze wirkungsvoll. Gute Winterhärte.
Ähnliche Sorten:
- 'Falling Snow': reinweiß, besonders winterhart.
- 'Seidenglanz': auffallender silbriger Laubaustrieb.
- 'Silberglanz': Knospen zartviolett, glänzendes Laub.

'Silberwolke'

○–◑ ✿ 5–6 ⬆ 130 ⬌ 180

Blütenfarbe: Hellrosa bis rosaweiß, Knospen reinrosa, im Aufblühen verblassend. Zart grüngelber Schlundfleck.
Blütenform: Mittelgroße Blüten in lockerem Stutz. Blütenränder stark gekräuselt, dadurch sehr lebhafter Gesamteindruck.
Laub: Dunkelgrün, matt.
Wuchs: In der Jugend raschwüchsig, später langsamer, dann auch sehr dichtbuschig.
Merkmale: Elegante Sorte mit ausreichender Winterhärte.

Wurde mit zahlreichen Preisen ausgezeichnet. Relativ späte Blüte.

Ähnliche Sorten:

- 'Silver Lady': silbrig rosa, Knospen rosarot. Hellbrauner Filz auf den Blattunterseiten. Sehr winterhart, gute Alternative für kalte Gegenden.
- 'Trinity': Amerikanische Züchtung mit etwas helleren Blüten. Sehr winterhart!

'Tatjana'

'Tatjana'

○–◑ ✿ 5–6 ⬆ 100 ⬌ 120

Blütenfarbe: Reines Karminrosa, das auch im Verblühen nicht verblasst.
Blütenform: Rundlicher Blütenstutz mit bis zu 15 recht großen Einzelblüten. Blütenränder stark gewellt.
Laub: Dunkel blaugrün, großes Blatt, matt glänzend.
Wuchs: Sehr kompakt, stark in die Breite wachsend, gleichmäßig.
Merkmale: Wertvoll durch die späte und lange Blüte. Gute Winterhärte. Die Blütenfarbe lässt sich gut kombinieren.
Ähnliche Sorten:

- 'Frühlingsanfang': Reinrosa mit etwas hellerer Mitte, frühe Blüte.
- 'Mustafa': Blüten mehr rosarot, lebhaftes Farbenspiel durch dunklere Aderung.
- 'Rosita': Purpurrosa, innen heller und mit gelbem Schlundfleck.

'Yaku Angel'

○–◑ ✿ (5)–6 ⬆ 80 ⬌ 100

Blütenfarbe: Reinweiß, Knospen hellrosa. Im Inneren der Blüte ein hellgelber Schlundfleck.
Blütenform: Kugeliger, dicht besetzter Blütenstutz mit bis zu 15 Einzelblüten. Blütenränder nur ganz leicht gewellt.
Laub: Dunkelgrün, sehr schmal, unterseits beigefilzig. Laubaustrieb silbrigweiß.
Wuchs: Sehr kompakt, dichtbuschig und flach.
Merkmale: Der silbrige Austrieb nach der Blüte ist besonders zierend. Späte Blüte, meist erst im Juni. Sehr frosthart.
Ähnliche Sorte:
'Yaku Queen': Sehr ähnlich, Blütenfarbe hellrosa.

Immergrüne Wildarten

Unter den Wildarten finden sich zahlreiche gartenwürdige Formen. Auch sie wurden zum Teil züchterisch bearbeitet, sodass uns hier etliche besonders reich blühende Sorten zur Verfügung stehen.

Rhododendron augustinii

Rhododendron augustinii

●–◑ ✿ 4–5 ⬆ 150 ⬌ 100

Blütenfarbe: Intensiv violettblau.
Blütenform: Kleine, weit geöffnete sternförmige Blüten in dichten Büscheln an den Triebenden. Staubfäden ragen weit aus den Blüten hervor.
Laub: Dunkelgrün, ledrig, lanzettlich, leicht glänzend.
Wuchs: Breit aufrecht, dicht, aber etwas ungleichmäßig.
Merkmale: Reichblühende Wildform, in der Anmutung den japanischen Azaleen ähnlich, aber von sehr viel stärkerem, aufrechterem Wuchs. Befriedigende bis gute Winterhärte.
Verwendung: Farbenprächtiger Strauch für sonnige bis halbschattige Standorte. Schön als Solitärpflanze oder in Gruppen.
Pflege: An exponierten Standorten leichten Winterschutz geben, bei Trockenheit wässern.
Empfehlenswerte Sorten:
- 'Aquamarin': Himmelblau, schwächerer Wuchs, bis 100 cm.
- 'Statuette': Hell violett, starker Wuchs bis 160 cm, besonders winterharte Auslese.

Rhododendron brachycarpum

●–◑ ✿ (5)–6 ⬆ 150 ⬌ 180

Blütenfarbe: Hellrosa, Knospen etwas dunkler. Im Verblühen fast in cremeweiß übergehend.
Blütenform: Glockig bis trichterförmig, etwa 10 Einzelblüten in kuppelförmigen, dicht besetzten Blütenstutzen.
Laub: Dunkelgrün, leicht glänzend, lanzettlich, groß.
Wuchs: In der Jugend dichtbuschig kompakt, im Alter lockerer.
Merkmale: Äußerst winterharte Art, auch für exponierte Standorte in voller Sonne. Bodenansprüche gering, auch wenig humoser Boden wird akzeptiert.
Verwendung: Als Solitärstrauch, in Gruppen, gute Heckenpflanze.
Pflege: Etwas Volldünger im Frühjahr erhöht die Blühleistung.
Empfehlenswerte Sorten:
- 'Django': reichblühende Neuzüchtung, entstanden aus einer Kreuzung mit *Rhododendron repens*. Kompakter Wuchs, nur 120 cm hoch werdend.
- 'Montanum': Noch härtere Auslese, auch für kälteste Gebirgslagen geeignet. Blüten rubinrosa mit hellerer Mitte.
- *R. brachycarpum* ssp. *koreanum:* hell violettrosa blühende Auslese aus Korea mit unübertroffener Winterhärte.

Rhododendron calophytum

Rhododendron calophytum

◐ ✿ 4–5 ⬆ 200 ⬌ 200

Blütenfarbe: Hellrosa mit ausgeprägtem dunkelrotem Schlundfleck.
Blütenform: Glockig mit weit geöffnetem Blütenschlund; große Einzelblüten in dichtem kugeligem Blütenstutz.
Laub: Dunkelgrün, schwach glänzend, lanzettlich, sehr groß und üppig. Weißfilziger dekorativer Blattaustrieb.
Wuchs: Breit aufrecht, kräftig.
Merkmale: Eindrucksvolle Art, die durch ihre üppige Belaubung einen hohen Zierwert besitzt. Alles an dieser Art ist groß: Blätter, Blüten und Gestalt. Ausreichende Winterhärte.
Verwendung: Einzeln oder in Gruppen, auch für Hecken. Windgeschützten, schattigen oder halbschattigen Standort wählen, sonst leidet das schöne Laub.
Pflege: Regelmäßig düngen, vor kalten Winterwinden schützen.
Empfehlenswerte Sorten:
- 'Arkona': Hellrosa Blüten mit gewelltem dunkelrosa Rand, bis 160 cm.
- 'Monteverdi': Reinrosa, weinroter Schlundfleck. Kräftiger Wuchs bis 2,5 m.
- 'Sarastro': Hellrosa mit besonders ausgeprägtem braunrotem Schlundfleck. Wuchshöhe bis 2 m. Sorte mit guter Winterhärte.

Rhododendron carolinianum

◐ ✿ 5 ⬆ 80 ⬌ 120

Blütenfarbe: Weiß oder hellrosa.
Blütenform: Glockig, leicht überhängend, in lockerem Blütenstutz.
Laub: Dunkelgrün, glänzend, länglich, relativ klein.
Wuchs: Kompakt, schwachwüchsig, mehr in die Breite.
Merkmale: Kleinbleibende Art mit gefälligen Blüten. Ausreichende Winterhärte.
Verwendung: Einzelstellung oder in Gruppen, dekorativ im Vordergrund. Am besten an geschützten halbschattigen Standorten. Schön zusammen mit Schattengräsern.
Pflege: Leichter Winterschutz ist ratsam. Bei Trockenheit wässern, mulchen.
Empfehlenswerte Sorten:
- 'Dora Amateis': bewährte reinweiße Sorte, gedrungener Wuchs bis 60 cm.
- 'Myrtifolium': hellrosa mit besonders schmalen trichterförmigen Blüten.
- 'Regal': Amerikanische Züchtung, leuchtend purpurrot, kompakter Wuchs bis 90 cm, ausgezeichnete Winterhärte!

Rhododendron lutescens

Rhododendron lutescens

●–◐ ✿4 ⬆150 ⬌150

Blütenfarbe: Rein primelgelb.
Blütenform: Weit geöffnete Einzelblüten in flachen Blütenstutzen. Weit herausragende Staubfäden.
Laub: Dunkelgrün, leicht glänzend, lanzettlich, mittelgroß.
Wuchs: Aufrecht, dicht verzweigt, buschig.
Merkmale: Wertvolle, früh blühende Art für geschützte Standorte.
Verwendung: Als Solitärstrauch oder in kleinen Gruppen. Geschützten halbschattigen bis schattigen Standort mit humosem Boden wählen. Am besten im Schutz höherer Gehölze pflanzen.
Pflege: Wenn stärkere Nachfröste zu Beginn der Blüte drohen, ausreichend Schutz geben. Eine etwas anspruchsvolle Art, die die Mühe aber durch ihre wunderschöne frühe Blüte entschädigt.

Rhododendron makinoi

●–◐ ✿5 ⬆60 ⬌100

Blütenfarbe: Hellrosa, Knospen kräftig rosa.
Blütenform: Trichterförmig bis glockig, in flachen lockeren Blütenstutzen. Weit herausragende Staubfäden.
Laub: Dunkelgrün, leicht glänzend, sehr schmal lanzettlich. Unterseite zimtfarben, der Austrieb ist filzig silberfarben. Ausgesprochen dekoratives Laub!
Wuchs: Kompakt, dichtbuschig, breitwüchsig.
Merkmale: Auffällig ist das schmale Laub, die Art ist auch außerhalb der Blütezeit von hohem Zierwert. *Rhododendron makinoi* wird in der Literatur häufig auch als Unterart von *Rhododendron yakushimanum* angesehen. Verträgt auch sonnige, exponierte Standorte bestens. Ausgezeichnete Winterhärte .
Verwendung: Einzeln und in Gruppen, im Vordergrund gemischter Pflanzungen, auch im Steingarten.
Pflege: Pflegeleicht, im ersten Winter nach der Pflanzung ist an sonnigem Standort ein leichter Winterschutz sinnvoll.
Empfehlenswerte Sorten:
- 'Diamant': Blütenfarbe kräftig rosarot, Laub nicht ganz so schmal.
- 'Düsselfeuer': Dunkelrosa mit hellerere Mitte. Laub konvex nach oben gebogen, Höhe bis 80 cm.
- 'Makiyak': Hellrosa, Knospen reinrosa, sehr reichblühend. Kompakter rundlicher Wuchs, besonders schmales Laub.

Rhododendron orbiculare

●–◑ ✿ (4)–5 ⬆ 100 ⬌ 150

Blütenfarbe: Kräftig rosarot.
Blütenform: Glockenförmig, nickend; bis zu 15 Einzelblüten in flachen Blütenstutzen.
Laub: Sehr dekorativ, mittelgrün bis blaugrün, oval bis fast herzförmig, matt.
Wuchs: Kompakt, breiter als hoch, sehr gleichmäßig.
Merkmale: Schöne Wildform mit ungewöhnlichem Laub. Winterhärte ausreichend, am besten an geschützen halbschattigen Standort pflanzen.
Verwendung: Einzeln oder in Gruppen, im Vordergrund.
Pflege: Bei Trockenheit wässern, mulchen. Winterschutz empfehlenswert.
Empfehlenswerte Sorten:
- 'Monika': Rosarot mit hellerer Mitte, manchmal etwas blühfaul; länglichere Blätter. Wuchshöhe 150 cm.
- 'Rotglocke': Kräftig rote Blüten, sehr schwachwüchsig, bis 60 cm.

Rhododendron russatum

●–◑ ✿ 5 ⬆ 100 ⬌ 120

Blütenfarbe: Kräftig violett mit etwas hellerer Mitte.
Blütenform: Weit geöffnete Trichterblüten mit auffälligen Staubfäden, in dichten Büscheln an den Triebenden.
Laub: Dunkelgrün, ledrig, lanzettlich, klein.
Wuchs: Dichtbuschig, in der Jugend etwas locker, später gleichmäßiger.
Merkmale: Zierlich wirkende Art mit ungewöhnlicher dunkler, aber dennoch leuchtender Blütenfarbe. Sehr winterhart und zuverlässig auch an exponierten Standorten. Für sonnige und halbschattige Plätze geeignet.
Verwendung: Einzelstellung, in Gruppen, an Sitzplätzen.
Pflege: Kommt mit wenig Pflege zurecht. Bei zu sparrigem Wuchs wird ein Rückschnitt gut vertragen. Sparsam mit Volldünger versorgen.
Empfehlenswerte Sorten:
- 'Azurwolke': Blüte tief violettblau, sehr reich blühend. Wuchshöhe bis 80 cm. Gute Winterhärte.
- 'Enziana': Blütenfarbe noch mehr ins Blau tendierend, Wuchshöhe bis 70 cm.
- 'Gletschernacht': Blüten intensiv blaulila, Sorte mit bester Fernwirkung. Wuchshöhe bis 70 cm.
- 'Lauretta': Intensiv blauviolette Blüten, spät blühende, frostharte Sorte, kompakter Wuchs.

Rhododendron orbiculare

Rhododendron russatum

Zwergig wachsende Rhododendren

In dieser Gruppe werden alle besonders schwachwüchsigen und Matten bildenden Arten und Kulturformen zusammengefasst. Sie eignen sich gut für die Verwendung in Steingartenanlagen sowie für die Kübelkultur. Alle vorgestellten Arten sind immergrün.

Rhododendron fastigiatum

○–◑ ✿ (4)–5 ⬆ 30 ⬌ 50

Blütenfarbe: Hell violett, rosa oder lavendelblau.

Rhododendron ferrugineum

Blütenform: Klein, trichterförmig, weit geöffnet; mit weit herausragenden Staubfäden. In kleinen Büscheln an den Triebenden.
Laub: Dunkelgrün, glänzend, länglich-elliptisch; sehr zierlich.
Wuchs: Buschig bis niederliegend-kriechend.
Merkmale: Flachwachsende Art mit recht früher Blütezeit und guter Winterhärte. Erinnert ein wenig an *Rhododendron impeditum,* bleibt aber viel niedriger.
Verwendung: im Steingarten, an Mauern, auch für die Grabbepflanzung. Für sonnigen Standort gut geeignet.
Pflege: Junge Pflanzen sind an exponierten Standorten dankbar für einen leichten Winterschutz.
Empfehlenswerte Sorten:
- 'Blue Steel': Blüten intensiv lila; silbrig bereiftes Laub.
- 'Intrifast': Besonders kompakter Wuchs, bis 25 cm, größere Blüten.

Rhododendron ferrugineum

○–◑ ✿ (5)–6 ⬆ 50 ⬌ 70

Blütenfarbe: Dunkel rosarot.
Blütenform: Trichterförmig bis röhrig, in dichten Büscheln an den Triebenden.
Laub: Dunkelgrün, lanzettlich, glänzend. Austrieb hellgrün, Unterseite mit rotbraunen Schuppen besetzt.
Wuchs: Breitbuschig, dichte Matten bildend.
Merkmale: Heimische Alpenpflanze, in der Kultur schwierig. Benötigt sauren, humosen und stets feuchten Boden, dabei möglichst volle Sonne.
Verwendung: Im Alpinum (spezielle Aufbereitung des Bodens nötig). In Steintrögen kann man am ehesten die passenden Bedingungen schaffen, wenn man die Art kultivieren möchte.
Pflege: Den Boden ständig feucht halten.
Empfehlenswerte Sorte:
- 'Tottenham': Robuster und gesünder als die Wildform, besonders reiche Blüte. Ansprüche wie bei der Art.

Rhododendron forrestii

○–◑ ✿ 4–5 ⬆ 15 ⬌ 40

Blütenfarbe: Karminrosa bis rosarot.
Blütenform: Glockig, im Verhältnis zu der kleinen Pflanze recht groß, aufrecht. Einzeln oder in kleinen Büscheln an den Triebenden.
Laub: Dunkelgrün, länglich-eiförmig, mittelgroß, glänzend. Gut sichtbare Blattadern.

Rhododendron impeditum 'Azurika'

Rhododendron calostrotum subsp. *keleticum*

Wuchs: Dichtbuschig, niederliegend bis kriechend. Stark in die Breite wachsend.
Merkmale: Zwergart mit überraschend großen Blüten und früher Blütezeit.
Verwendung: Im Alpinum und im Steingarten an absonnigem bis halbschattigem Standort. Gedeiht gut an der kühlen Nordseite zwischen Steinen.
Pflege: Etwas spätfrostgefährdet durch die relativ frühe Blüte. Bei Gefahr von Nachtfrösten ist eine Abdeckung mit Vlies oder Tannenreisig sinnvoll. Bei Trockenheit gießen.
Empfehlenswerte Sorten:
- 'Glenarn': Großblütige Auslese.
- 'Florteppich': Blüten karminrot, die Pflanze bildet besonders dichte Matten.
- 'Topsi': Besonders dichter Wuchs, weniger stark ausbreitend. Die Blüten sehen aus wie reinrosafarbene Enzianblüten.

Kissen-Rhododendron
Rhododendron impeditum

○–◑ ✿5 ⬆40 ⬌70

Blütenfarbe: Hellviolett, lavendelblau oder purpurviolett.
Blütenform: Kleinblütig, Blüten weit geöffnet, sternförmig, mit auffälligen, weit herausragenden Staubfäden. In kleinen Büscheln an den Triebenden.
Laub: Dunkelgrün, fest, lanzettlich, sehr klein. Blattaustrieb silberblau bereift.
Wuchs: Dicht, kompakt, kissenförmig.
Merkmale: Kleinblütiger, aber reich blühender Zwergstrauch mit guter Winterhärte.
Verwendung: Im Steingarten, Heidegarten, in Trögen, als Grabbepflanzung. Gut für sonnige Standorte geeignet, aber auch im Halbschatten sicher und reich blühend.
Pflege: Bei Trockenheit gießen.
Empfehlenswerte Sorten:
- 'Azurika': Tief violettblau, etwas stärker wachsend.
- 'Blaubart': Hellblau blühende Sorte mit besonders guter Winterhärte.
- 'Blue Tit': Reichblühend, hell violettblau, rundlich-kompakter Wuchs.
- 'Blumiria': Nachtblau-violett, reichblühend, besonders ausladend bis 90 cm Breite. Extreme Winterhärte.
- 'Ramapo': Bewährte ältere Sorte mit sehr guter Winterhärte. Hell fliederfarbene Blüten.

Rhododendron keleticum

○–◑ ✿5–6 ⬆20 ⬌50

Blütenfarbe: Leuchtend purpurviolett.

Blütenform: Trichterförmig, weit geöffnet mit welligem Blütenrand. Sehr kleine, aber zahlreiche Blüten.
Laub: Dunkelgrün, lanzettlich, winzig.
Wuchs: Kissenförmig, sehr flach, Matten bildend.
Merkmale: Zwergform mit sehr flachem gedrungenem Wuchs und später Blüte. Ausreichende bis gute Winterhärte.
Verwendung: im Steingarten und in Trögen. Wächst sehr schön über Steine und Felsen. Benötigt gleichbleibend feuchten Boden.
Pflege: bei Trockenheit reichlich gießen.

Rhododendron repens 'Baden-Baden'

Rhododendron-Repens-Hybriden

○–◑ ✿5 ⬆60 ⬌100

Blütenfarbe: Sämtliche leuchtenden Rottöne, je nach Sorte mit unterschiedlichem Blau- oder Orangeanteil.
Blütenform: Glockig, weit geöffnet, mit gut kontrastierenden gelben Staubfäden. In dichten Büscheln über dem Laub.
Laub: Dunkelgrün, breit lanzettlich, stark glänzend.
Wuchs: Dicht kompakt, erheblich breiter als hoch.
Merkmale: Dichter Wuchs und unübertroffen leuchtende Blüten. Robust und frosthart. Sonnige Standorte werden gut vertragen.
Rhododendron repens wurde inzwischen umbenannt in *Rhododendron forrestii* ssp. *forrestii*, die Sorten werden aber nach wie vor als Repens-Hybriden geführt.
Verwendung: Einzeln oder in Gruppen, im Vordergrund gemischter Gehölzpflanzungen, in Rabatten. Kleinwüchsige Sorten auch sehr gut im Steingarten. Benötigt humosen Boden.
Pflege: Bei Trockenheit gießen, sparsam düngen.
Empfehlenswerte Sorten:
- 'Bad Eilsen': Dunkel scharlachrote Blüten.
- 'Baden-Baden': Leuchtend scharlachrote Blüten.
- 'Corinna': Kleinwüchsig, wird nur 35 cm hoch.
- 'Pumuckl': Leuchtend dunkelrote Blüten, in der Sonne nicht verblassend.
- 'Scarlet Wonder': scharlachrote Blüten. Hoher Wuchs bis 80 cm, für Steingärten etwas mächtig, aber schön in Rabatten.
- 'Rotkäppchen': lackrote, leuchtende Blüten, gedrungener Wuchs, bis 30 cm.
- 'Satin': Knospen rot, im Aufblühen rosarot. Frühblühend, daher etwas spätfrostgefährdet.

Japanische Azaleen *(Rhododendron-*Obtusum-Hybriden)

Rhododendren dieser Gruppe zeichnen sich durch einen gedrungenen Wuchs aus, sie werden selten über 80 cm hoch. Zur Blütezeit bieten sie einen prachtvollen Anblick, oft ist unter der Blütenfülle kaum noch etwas vom Laub zu sehen. Japanische Azaleen bieten sich zur Pflanzung einzeln oder in Gruppen sowie als Vorpflanzung an. Schön wirken sie auch im Steingarten, im Heidegarten und in Gärten im japanischen Stil. Vor der Blüte ist eine leichte Düngung mit mineralischem Volldünger (z.B. Blaukorn) sinnvoll. Japanische Azaleen gehören zu den so genannten **Halbimmergrünen,** das heißt, sie verlieren im Winter in der Regel einen großen Teil des Laubes, der andere Teil fällt erst zu Beginn des neuen Austriebes ab. In strengen Wintern können die Pflanzen auch das komplette Laub verlieren. An Standorten, die der Wintersonne ausgesetzt sind, empfiehlt sich die Abdeckung mit Nadelreisig. Windgeschützte Standorte sind für alle Sorten dieser Gruppe empfehlenswert.

Frühling im Farbenrausch: Blühende japanische Azalee; hier die Sorte 'Amoenum'.

'Babuschka'

○–◑ ✿ (5)–6 ⬆ 50 ⬌ 50

Blütenfarbe: Kräftig karminrosa, innen etwas dunkler.
Blütenform: Dicht gefüllt, trichterförmig, weit geöffnet, schwache Schlundzeichnung. Große Einzelblüten in Büscheln.
Laub: Mittelgrün, eiförmig, glänzend, klein.
Wuchs: Buschig, breit kompakt, kissenförmig.
Merkmale: neue Züchtung mit leuchtender Blütenfarbe. Sehr winterhart.
Ähnliche Sorten:

- 'Georg Arends': Ähnliche Blütenfarbe, etwas dunkler, einfache kleine Blüten. Ausreichende Winterhärte.
- 'Hahn's Red': Einfache Blüten, frühere Blütezeit.
- 'Rubinetta': leuchtend dunkelrosa, kleinblütig.
- 'Vuys'Rosy Red': Großblütig, frühblühend. Ausreichend winterhart.

In Baumschulen werden Japanischen Azaleen meist noch unter dem Namen *Azalea japonica* geführt, was nicht mit der Art *Rhododendron japonicum* verwechselt werden darf. Korrekt ist die Bezeichnung *Rhododendron*-Obtusum-Hybriden.

'Blanice'

Diamant-Azalee

'Blanice'

○–◑ ✿ 5–6 ⬆ 50 ⬌ 80

Blütenfarbe: Zartrosa mit dezenter roter Schlundzeichnung.
Blütenform: Mittelgroße Blüten, trichterförmig, weit geöffnet, in dichten Büscheln.
Laub: Dunkelgrün, glänzend, klein. Austrieb hellgrün.
Wuchs: Gedrungen, kissenförmig, breiter als hoch wachsend.
Merkmale: Reichblühende tschechische Sorte mit ausgezeichneter Winterhärte. Angenehme zarte Blütenfarbe, leicht zu kombinieren.
Ähnliche Sorten:
- 'Madame Albert van Hecke': Reinrosa, etwas dunkler, gut winterhart.
- 'Peppina': Rosaviolett mit kräftiger weinroter Schlundzeichnung, lebhafte Farbwirkung. Zwergiger Wuchs, 30 cm hoch, gute Winterhärte.
- 'Rosinetta': Reinrosa, dicht gefüllte Blüten, sehr gute Winterhärte.

'Diamant'-Gruppe

○–◑ ✿ 5–6 ⬆ 25–35 ⬌ 80

Blütenfarbe: Farbsorten in Weiß, Lachs, Rosa, Rot und Violett.
Blütenform: Kleinblütig, ungefüllt, sehr reichblühend.
Laub: Frischgrün, eiförmig, glänzend, klein.
Wuchs: Gedrungen, kissenförmig, dichtbuschig, stark in die Breite wachsend.
Merkmale: Sortengruppe mit guter Winterhärte und reicher Blüte.
Farbsorten der Gruppe:
- 'Diamant Lachs'
- 'Diamant Purpur'
- 'Diamant Rosa'
- 'Diamant Rot'
- 'Diamant Weiß'

'Eisprinzessin'

○–◑ ✿ 5–6 ⬆ 30 ⬌ 60

Blütenfarbe: Reines Weiß mit hellgelber Schlundfärbung.
Blütenform: Großblütig, rundliche, weit geöffnete Blüten mit stark gewelltem Rand, leicht gefüllt.
Laub: Frischgrün, oval, gut Laub haltend im Winter.
Wuchs: Flach, gedrungen, sehr kompakt und dichtbuschig.
Merkmale: Reichblühende Neuzüchtung mit sehr schönen Blüten. Ausgezeichnete Winterhärte. Die Sorte hat auf Ausstellungen bereits viele Preise gewonnen.
Ähnliche Sorten:
- 'Maischnee': Reinweiß mit hellgrüner Schlundzeichnung, bis 40 cm.
- 'Schneewittchen': Reinweiß, kleinblütig, Blüten trichterförmig, 40 cm.

'Kermesina Rosé'

○–◑ ✿ 5–6 ⬆ 60 ⬌ 90

Blütenfarbe: Kräftig rosa mit sternförmiger rubinroter Zeichnung. Sehr lebhafte Blütenwirkung.
Blütenform: Einfach, weit geöffnet, in dichten Büscheln an den Triebenden.
Laub: Frischgrün, eiförmig, glänzend, klein.
Wuchs: Kompakt, dichtbuschig, breiter als hoch.
Merkmale: Auffallende Sorte, schöner warmer Farbton der Blüten. Gute Winterhärte.
Ähnliche Sorten:
- 'Chipmunk': Großblütig, Blüten doppelkronig in einem warmen Karminrosa. Schottische Sorte mit guter Winterhärte.
- 'Rubinstern': Rubinrosa, sehr reichblühend, etwas spätere Blüte. Ausreichende Winterhärte.
- 'Tootsie': reichblütige Neuzüchtung. Karminrosa mit dunklerer Zeichnung. Späte Blütezeit, gute Winterhärte.

'Königstein'

○ ◑ ✿ 5 ⬆ 50 ⬌ 80

Blütenfarbe: Dunkel pupurviolett, innen rötlich violett.
Blütenform: Weit geöffnete Trichterblüten, in kleinen Büscheln dicht an den Triebenden. Gewellte Blütenränder.
Laub: Dunkelgrün, spitzoval, leicht glänzend. Im Winter gut Laub haltend.
Wuchs: Dichtbuschig, kompakt, mehr in die Breite wachsend.
Merkmale: Ausgezeichnete Sorte aus Pillnitz (bei Dresden) mit hervorragender Winterhärte. Seltene dunkle Blütenfarbe.
Ähnliche Sorten:
'Schrammstein': Ähnliche Blütenfarbe, aber niedrigerer Wuchs, bis 45 cm. Auch eine Sorte aus Pillnitz.

'Kermesina Rosé'

'Ledikanense'

Merkmale: Ältere tschechische Sorte mit ausgezeichneter Winterhärte. Seltene, gut zu kombinierende Blütenfarbe.

Ähnliche Sorten:

- 'Elsie Lee': dicht gefüllte Blüten in einem ganz ähnlichen Farbton. Gute Winterhärte. Kräftiger Wuchs bis 80 cm.
- 'Thekla': Neuzüchtung mit leicht gefüllten Blüten und getigerter Schlundzeichnung.

'Ledikanense'

○–◑ ✿5 ⬆40 ⬌60

Blütenfarbe: Hellviolett, im Blüteninneren auffallend weinrot gezeichnet.

Blütenform: Sehr großblütig, weit geöffnete, sternfömige Blüten in dichten Büscheln.

Laub: Mittelgrün, oval, klein. Im Winter wenig Laub haltend.

Wuchs: Breit aufrecht, lockerer als die meisten anderen Sorten.

'Rosalind'

'Rosalind'

○–◑ ✿5–6 ⬆90 ⬌120

Blütenfarbe: Reines Rosa mit dunklerer Schlundfärbung.

Blütenform: Weit geöffnete Trichterblüten, mittelgroß, in dichten Büscheln an den Triebenden.

Laub: Frischgrün, eiförmig, glänzend, klein.

Wuchs: Kräftig, breit ausfrecht, relativ locker.

Merkmale: Kräftig wachsende, für diese Gruppe sehr hoch werdende Sorte mit ausgezeichneter Winterhärte.

Ähnliche Sorten:

'Fedora': Blüten mehr karminrosa, ähnlich hoher Wuchs. Winterhärte ausreichend.

'Madame Albert van Hecke': mittelrosa, breit aufrecht.

'Rotstein'

○–◑ ✿ 5–(6) ⬆ 40 ⬌ 60

Blütenfarbe: Intensiv ziegelrot, sehr leuchtend.
Blütenform: Offene Trichterblüten in kleinen Büscheln, mittelgröße Einzelblüten.
Laub: Frischgrün, eiförmig, leicht glänzend, sehr kleinblättrig.
Wuchs: Dichtbuschig, kompakt, mehr in die Breite wachsend. Schwachwüchsig.
Merkmale: Weithin leuchtende farbkräftige Sorte mit sehr langsamem Wuchs. Halbschattiger Stand empfehelenswert, bei Sonne bleichen die Blüten aus.
Ähnliche Sorte:
• 'Estrella': Leuchtend reinrot, Blütenfarbe in der Sonne nicht verblassend, schwachwüchsig, kompakt. Gute Winterhärte.
• 'Fridoline': Reinrot, dunkler als 'Rotstein', ähnlich kompakter schwacher Wuchs. Ausgezeichnete Winterhärte.

'Satchiko' (= 'Geisha Orange')

'Satschiko' (= 'Geisha Orange')

○–◑ ✿ (5)–6 ⬆ 40 ⬌ 70

Blütenfarbe: Leuchtend orange, starke Fernwirkung.
Blütenform: Trichterförmige, weit geöffnete Blüten in dichten Büscheln an den Triebenden.
Laub: Frischgrün, elliptisch, stark glänzend, klein. Im Winter gut haftend.
Wuchs: Dichtbuschig, kompakt, starker in die Breite wachsend.
Merkmale: Sorte mit ungewöhnlicher Blütenfarbe, sehr leuchtkräftig. Ausgezeichnete Winterhärte.
Ähnliche Sorten:
• 'Girard's Scarlet': Dunkles Orangerot, etwas höher wachsend, bis 60 cm. Ausreichende Winterhärte.
'Stewartsoniana': Blüten fast rot, ausgezeichnete Winterhärte.

Sommergrüne Azaleen

Diese Gruppe wird häufig unter der Bezeichnung **Knap-Hill-Hybriden** geführt, da die Züchtung in der englischen Knap Hill Nursery ihnen Anfang nahm. Die Sorten entstanden im Wesentlichen aus Kreuzungen zwischen *Rhododendron luteum, R. molle, R. calendulaceum* und *R. arborescens* und *Rhododendron japonicum*. Richtig bekannt wurden diese Hybriden nach dem Zweiten Weltkrieg, als sie schnell Eingang in die Sortimente fanden. Hinsichtlich ihrer Wuchsform unterscheiden sich diese sommergrünen Hybriden ganz entscheidend von den »klassischen« immergrünen Rhododendren. Sie wachsen wesentlich lockerer und unregelmäßiger und fügen sich so sehr gut in gemischte Gehölzpflanzungen ein. Aber auch in Kombination mit Stauden und als Solitärsträucher machen sie immer eine gute Figur. Eine Unterpflanzung mit Bodendeckern oder regelmäßiges Mulchen ist empfehlenswert, zusätzlich sollte man bei Trockenheit wässern. Wer Wert auf ein gepflegtes Erscheinungsbild legt, kann verblühte Blütenstutze vorsichtig herausbrechen.

'Homebush'

'Cannon's Double'

○–◑ ✿6 ⬆180 ⬌130

Blütenfarbe: Zartrosa, übergehend in cremegelb, sehr lebhaft trotz der sanften Farben.
Blütenform: gefüllte Blüten, dicht gedrängt in ballförmigen Blütenstutzen. Blütenränder gewellt.
Laub: Dunkelgrün, stark glänzend, länglich; Oberfläche etwas runzelig.
Wuchs: Locker aufrecht, Wuchs eher hoch als breit.
Merkmale: Sorte mit interessantem Farbspiel und seltenen gefüllten Blüten. Vollkommen winterhart.
Ähnliche Sorten:
- 'Arista': Etwas dunkler, ebenfalls gefüllt, mit zipfeligen Blütenblättern.
- 'Berryrose': Hellrosa mit lachsfarbener Mitte, einfach blühend, frühere Blütezeit. Bronzefarbener Laubaustrieb.

'Cécile'

○–◑ ✿ (5)–6 ⬆ 150 ⬌ 150

Blütenfarbe: Reinrosa mit orangefarbener Zeichnung.
Blütenform: Offene Trichterblüten, etwa acht Einzelblüten in dichten Blütenstutzen.
Laub: Frischgrün, im Austrieb rotbraun, länglich.
Wuchs: Locker aufrecht, ebenso breit wie hoch.
Merkmale: Hübsche Sorte mit sehr verträglicher Blütenfarbe. Völlig winterhart.
Ähnliche Sorten:
- 'Fanny': Alte Sorte, kleinblütig, aber reichblühend. Dichtuschig, nur 1 m hoch wachsend.
- 'Pink Delight': Kräftig rosa, trichterförmige Blüten.
- 'Soir de Paris': Reines Hellrosa, kleinblütig, duftend. Blau bereiftes Laub.

'Cécile'

'Feuerwerk'

'Feuerwerk'

○–◑ ✿ 6 ⬆ 150 ⬌ 120

Blütenfarbe: Kräftig zinnoberrot, orange geflammt, weithin leuchtend.
Blütenform: Weit geöffnet, dicht besetzter Blütenstutz aus bis zu 10 Einzelblüten, leicht duftend. Sehr große Blüten.
Laub: Mittelgrün, spitzoval, leicht glänzend. Blattaderung gut sichtbar.
Wuchs: Kräftig, locker, mehr hoch als breit.
Merkmale: Sorte mit außergewöhnlicher Fernwirkung. Völlig winterhart.
Ähnliche Sorten:
- 'Fanal': Etwas dunkleres Rot, aber ebenso leuchtend; glänzendes Laub.
- 'Parkfeuer': Dunkler, fast weinrot, bis 2 m hoch.
- 'Royal Command': Reinrot, kugelförmiger Blütenstutz, gerüschte Blütenränder.
- 'Satan': Zinnoberrot, straff aufrechter Wuchs.

'Goldflamme'

○–◑ ✿ (5)–6 ⬆ 150 ⬌ 130

Blütenfarbe: goldorange, orangerot geflammt, nach innen dunkler färbend.
Blütenform: Dichter, Blütenstutz mit großen Einzelbüten; trichterförmig, teilweise leicht gefüllt. Blütenrand gewellt.

Laub: Mittelgrün, lanzettlich, schwach glänzend.
Wuchs: Locker aufrecht.
Merkmale: Sorte mit ungeheurer Leuchtkraft und entsprechend guter Fernwirkung. Völlig winterhart.
Ähnliche Sorten:
- 'Coccinea Speciosa': kleinblütig, leuchtend orange. Wuchs sehr breit mit waagerecht stehenden Zweigen.
- 'Friedrich Wöhler': Helleres Orange mit weniger Gelbanteil, nicht so leuchtkräftig. Reichblühend, kräftiger Wuchs.
- 'Golden Eagle': Orange, gelb geflammt, elegante schmale Blüten; breitwüchsig.
- 'Orangeade': Alte Sorte aus der Knap Hill Nursery, rein orange mit stark gerüschten Blütenrändern.

'Goldpracht'

○–◑ ✿ 5–6 ⬆ 150 ⬌ 180

Blütenfarbe: Goldgelb mit ausgeprägtem orangegelbem Schlundfleck.
Blütenform: Mittelgroße, weit geöffnete Einzelblüten, etwa 7–10 Blüten in lockeren Blütestutzen. Auffallend sind die weit herausragenden Staubfäden. Leicht duftend!
Laub: Frischgrün, spitz-eiförmig, glänzend. Sehr schöne rote Herbstfärbung.
Wuchs: Kompakt, dichtbuschig, sehr gleichmäßig.
Merkmale: Die Sorte zeichnet sich durch ihre warme goldgelbe Blütenfarbe aus, ist äußerst reichblühend und vollkommen winterhart.
Ähnliche Sorten:
- 'Csárdás': Bernsteingelbe, gefüllte Blüten, duftend.
- 'Goldtopas': Blüten reingelb mit orangenem Fleck.

'Golden Sunset'

○–◑ ✿ (5)–6 ⬆ 150 ⬌ 160

Blütenfarbe: Reingelb, zur Blütenmitte etwas dunkler.
Blütenform: Weit geöffnete, recht große Blüten, etwa 10–12 Einzelblüten pro Blütenstutz.
Laub: Dunkelgrün, spitzoval, leicht glänzend mit gut sichtbaren Blattadern.
Wuchs: Breit aufrecht, sehr locker.
Merkmale: Schöne Sorte mit angenehm frischer Blütenfarbe

'Goldflamme'

'Goldpracht'

und malerischer Wuchsform. Völlig winterhart.

Ähnliche Sorten:

- 'Cheto': Reingelb mit orangegelber Schlundzeichnung. Besonders winterhart.
- 'Limetta': Reingelb mit dunkelgelber Schattierung, besonders früh blühend.
- 'Windsor Sunbeam': Besonders großblütig, wärmerer Gelbton.

'Homebush'

○–◑ ✿ 5–6 ⬆ 150 ⬌ 130

Blütenfarbe: Reines Karminrosa ohne jegliche Schattierung.
Blütenform: Dichter ballförmiger Blütenstutz, kleine Einzelblüten mit langzipfeligen Blütenblättern. Ungewöhnliche, aparte Erscheinung. Bild siehe Seite 52.
Laub: Mittelgrün, breitoval, leicht glänzend.
Wuchs: Locker aufrecht, etwas mehr in die Breite als in die Höhe wachsend.
Merkmale: Auffällige Kugelform der Blütenstutze. Ungewöhnliche Sorte mit sehr schöner Blütenfarbe. Völlig winterhart.
Ähnliche Sorte:

- 'Kilian': gefüllt blühende Sorte, kräftigeres Rosa mit einem Stich ins Orangene.

'Persil'

'Klondyke'

○–◑ ✿ 5–6 ⬆ 130 ⬌ 120

Blütenfarbe: Warmes Goldorange, schwach orange geflammt. Knospen dunkelorange.
Blütenform: Rundliche, weit geöffnete Einzelblüten in dichtem Stutz. Weit herausregende auffällige Staubfäden.
Laub: Mittelgrün, spitzoval, leicht glänzend. Im Austrieb braunrot.
Wuchs: Kräftig, breit aufrecht.
Merkmale: Bewährte ältere Sorte mit guter Fernwirkung. Völlig winterhart.
Ähnliche Sorte:

- 'Sunny Boy': Neue Züchtung mit noch leuchtenderer Blütenfarbe. Wuchshöhe bis 1 m.

'Persil'

○–◑ ✿ (5)–6 ⬆ 150 ⬌ 150

Blütenfarbe: Reinweiß mit gelbem Schlundfleck.
Blütenform: Flacher Blütenstutz, Einzelblüten mittelgroß.

Laub: Frischgrün, lanzettlich, klein.
Wuchs: Locker aufrecht, etwas ungleichmäßig. In der Jugend schwachwüchsig, später kräftiger.
Merkmale: Edle Blütenfarbe, schön vor dunklem Hintergrund. Völlig winterhart.
Ähnliche Sorte:
• 'Schneegold': Leicht rosa getönte Blüten, reichblühend, Wuchs gleichmäßiger.

'Satomi'

'Stefanie'

○–◑ ✿ 5–6 ⬆ 70 ⬌ 120

Blütenfarbe: Kräftig rosa mit orangegoldenem Schlundfleck.
Blütenform: Rundlich, mit gerüschtem Blütenrand. Große Einzelblüten in dichtem Stutz.
Laub: Dunkelgrün, Austrieb hellgrün; lanzettlich, mit ausgeprägter Blattaderung.
Wuchs: Breitwüchsig, niedrig bleibend.
Merkmale: Zwergwüchsige Neuzüchtung mit sehr wirkungsvoller Blütenfärbung. Auch für kleinste Gärten und für die Kultur im Kübel geeignet. Völlig winterhart.
Ähnliche Sorten:
• 'Fanny': Ältere kleinblütige Sorte.

'Sylphides'

○–◑ ✿ 5 ⬆ 150 ⬌ 150

Blütenfarbe: Helles Puderrosa mit gelber Mitte. Knospen rosarot.
Blütenform: Trichterförmig mit zurückgebogenen Blütenblättern. Lockerer flacher Blütenstutz.
Laub: Mittelgrün, lanzettlich, leicht glänzend.
Wuchs: Locker aufrecht, ebenso breit wie hoch.
Merkmale: Elegante Sorte, kleinblütig. Völlig winterhart.
Ähnliche Sorten:
• 'Daviesii': Hell cremerosa mit ausgeprägter gelber Schlundzeichnung.
• 'Satomi': Reinrosa, rötliche Knospen.

'Wilhelm Röntgen'

○–◑ ✿ 5–6 ⬆ 150 ⬌ 150

Blütenfarbe: Warmes Rosa mit orangefarbener Zeichnung.
Blütenform: Dichter Blütenstutz mit sehr großen Einzelblüten. Blütenränder stark gerüscht.
Laub: Mittelgrün, lanzettlich, stark glänzend.
Wuchs: Breit aufrecht, relativ kompakt, gleichmäßig.
Merkmale: Reichblühende Sorte mit einer leuchtenden, aber dennoch warmen Blütenfarbe. Völlig winterhart.
Ähnliche Sorten:
• 'Otto Hahn': Karminrosa mit ausprägtem leuchtend orangefarbenem Schlundfleck.
• 'Sarina': Lachs-orangerosa, ballförmiger Blütenstutz.

Sommergrüne Wildarten

Auch viele Wildarten unter den Laub abwerfenden Azaleen sind so schön, dass sie einen Platz im Garten erhalten sollten.

Rhododendron dauricum

◑ ✿4 ⬆90 ⬌100

Blütenfarbe: Hell- oder dunkelrosa.
Blütenform: Weit geöffnete Trichterblüten mit zipfeligen Blütenrändern, in kleinen Büscheln an den Triebenden.
Laub: Dunkelgrün, lanzettlich, matt.
Wuchs: Sparrig, aufrecht bis breit aufrecht.
Merkmale: Wertvolle Art mit früher Blüte. Kreuzt sich auch in der Natur leicht mit anderen Arten, zum Beispiel mit *Rhododendron mucronulatum.*
Verwendung: Einzeln oder in kleinen Gruppen, gemischte Gehölzpflanzungen, unter hohen Bäumen.
Pflege: Die frühe Blüte ist an ungeschützten Standorten spätfrostgefährdet, daher am besten in den lichten Schatten anderer Gehölze pflanzen. Bei Trockenheit gießen.

Empfehlenswerte Sorten:
- 'April Gem': Weiße gefüllte Blüten, sehr auffallend. Kompakt wachsend bis 70 cm.
- 'April Reign': Hellviolette gefüllte Blüten, Wuchshöhe 90 cm.
- 'April Snow': Dicht gefüllte weiße Blüten mit zipfeligen Blütenkelchen. Besonders winterharte Sorte. Wuchshöhe bis 80 cm.

Rhododendron luteum

◑ ✿5 ⬆170 ⬌200

Blütenfarbe: Reines Gelb, zur Mitte hin etwas dunkler.
Blütenform: Sehr schlank und

Rhododendron canadense 'April Rose'

Prachtvolle Herbstfärbung von *Rhododendron luteum.*

Rhododendron luteum

grazil mit weit herausragenden Staubfäden. Stark duftend!
Laub: Frischgrün, spitzoval, matt.
Wuchs: Kräftig, sparrig, aber dicht verzweigt.
Merkmale: Elegante, ausgesprochen wüchsige Azalee mit süßem Duft. Wird in den Katalogen meist noch als *Azalea pontic*a geführt.
Verwendung: Einzeln oder in Gruppen, im Hintergrund von Rabatten, vor dunklen Hecken, an Sitzplätzen. Absolut winterhart.
Pflege: Bevorzugt humosen Boden. Bei Trockenheit wässern.
Empfehlenswerte Sorte:
- 'Narcissiflora': Lange Trichterblüten, sternförmig geöffnet, hellgelb, duftend.

Rhododendron praecox (Syn.: _Rhododendron_ × 'Praecox')
Vorfrühlings-Rhododendron

◑ ✿ (3)–4 ⬆ 100 ⬌ 120

Blütenfarbe: Hellviolett bis kräftig rosa.
Blütenform: Weit geöffnete Trichterblüten in lockeren Büscheln.
Laub: Dunkelgrün, lanzettlich, glänzend.
Wuchs: Aufrecht bis breit aufrecht, locker.
Merkmale: Besonders früh blühend, Laubaustrieb teilweise schon während der Blüte.
Verwendung: Einzeln oder in kleinen Gruppen an geschützten Standorten. Vor höheren Gehölzen, an Sitzplätzen.
Pflege: Die frühe Blüte ist durch Nachtfröste gefährdet, daher an geschützten Standort pflanzen und wenn nötig mit Vlies abdecken.

Rhododendron prinophyllum

◑ ✿ 4 ⬆ 200 ⬌ 200

Blütenfarbe: Rosa in verschiedenen Schattierungen, aber auch weiß oder cremeweiß.
Blütenform: Röhrenblüten mit sternförmiger Öffnung, weit herausragende Staubfäden. Duftend!
Laub: Dunkelgrün, spitz eiförmig, matt.
Wuchs: Starkwüchsig, aufrecht, etwas sparrig.

Merkmale: Zuverlässig winterharte Art, die schon lange in Kultur ist.
Verwendung: Einzeln oder in Gruppen, im Hintergrund von Rabatten, vor dunklen Hecken, an Sitzplätzen. Absolut winterhart.
Pflege: bevorzugt humosen Boden. Bei Trockenheit wässern.
Empfehlenswerte Sorten:
- 'Rosy Lights': Reinrosa mit dunklerer Blütenzeichnung, sehr winterhart.
- 'White Lights': Weiß blühend, außen ganz hell rosa, sehr winterhart.

Rhododendron reticulatum

◑ ✿ 4–5 ⬆ 200 ⬌ 200

Blütenfarbe: Hellviolett bis fliederfarben.
Blütenform: Weit geöffnete Trichterblüten, einzeln oder in lockeren Büscheln an den Triebenden.
Laub: Mittelgrün, breit eiförmig mit netzartiger Aderung. Rotbraune Herbstfärbung.
Wuchs: Locker aufrecht bis sparrig, im Alter stark in die Breite wachsend.
Merkmale: Schöne Wildform mit früher Blüte. Robust und sehr winterhart.
Verwendung: Einzeln oder in Gruppen, im Hintergrund von Rabatten, vor dunklen Hecken, an Sitzplätzen
Pflege: Bevorzugt humosen Boden. Bei Trockenheit wässern. Im ersten Winter nach der Pflanzung ist eine leichte Abdeckung empfehlenswert.

Rhododendron vaseyi

◑ ✿ 5 ⬆ 200 ⬌ 200

Blütenfarbe: Weiß bis Hellrosa, Knospen cremefarbig.
Blütenform: Große Trichterblüten mit auffälligen gebogenen Staubfäden, in lockeren Büscheln an den Triebenden.
Laub: Dunkelgrün mit hellem Austrieb, spitz eiförmig.
Wuchs: Kräftig, aufrecht bis sparrig.
Merkmale: Sehr winterharte und robuste amerikanische Wildform. Perfekte Blüten, wie aus Porzellan geformt.
Verwendung: Einzeln oder in Gruppen, im Hintergrund von Rabatten, vor dunklen Hecken, an Sitzplätzen.
Pflege: Bevorzugt humosen Boden. Bei Trockenheit wässern. An exponierten Standorten kann die relativ frühe Blüte unter Nachtfrösten leiden.

Rhododendron 'Praecox'

Rhododendron vaseyi

Gestaltungsideen mit Rhododendren

Rhododendren sind zur Blütezeit äußerst auffällige und mitunter recht dominante Blütensträucher, während sie sich den Rest des Jahres eher als stille Schönheiten präsentieren. Ihr dekoratives Laub bildet einen wirkungsvollen Hintergrund für später blühende Gehölze und Stauden. Die immergrünen Arten und Sorten geben auch dem winterlichen Garten Struktur und Farbe. Wenig bekannt ist, dass bei vielen sommergrünen Arten auch eine sehr dekorative Herbstfärbung bewusst als Gestaltungselement eingesetzt werden kann.

Gestalterische Möglichkeiten

Der Schattengarten

Die meisten älteren Gärten zeichnen sich durch mehr oder weniger ausgedehnte Schattenpartien aus. Vor langer Zeit gepflanzte Bäume haben sich gut entwickelt, sind hoch gewachsen, und ihre Kronen werfen Schatten auf die Beete. Die meisten Blütensträucher benötigen mehr Licht, als sie an solchen Standorten erhalten, aber Rhododendren gedeihen hier prächtig, solange ihre Ansprüche an den Boden erfüllt werden.

Genügend Platz vorausgesetzt, pflanzt man hier Gruppen verschiedenfarbiger, aber aufeinander abgestimmter Rhododendren, deren Blütezeit sich bei geschickter Zusammenstellung lauf mehrere Wochen ausdehnenlässt. Ob man sie dabei auf Arten und Sorten ähnlicher Gestalt beschränken oder mutig Immergrüne, Sommergrüne und Japanische Azaleen mischen, bleibt dem persönlichen Geschmack überlassen. Durch verschiedene Wuchshöhen und Wuchsformen kann man zudem eine ansprechende Höhenstaffelung erreichen. Hinsichtlich Auswahl der **Blütenfarben** sind Sie stets auf der sicheren Seite, wenn Sie sich auf eine Farbrichtung beschränken, also zum Beispiel entweder nur pastellige Töne oder nur kräftige Farben verwenden. Rosa- und Violettnuancen sehen miteinan-

◀ Frühling in frischen Farben: zartgrünes »Fußvolk« aus Hosta und Farnen lässt die goldgelben Blüten der Azalee 'Goldpracht' erst richtig leuchten.

Kombinationen mit verwandten Farbtönen sind immer unproblematisch.

Ein bunter Teppich aus Zwiebelblumen, Stauden und kleinen Gehölzen liegt dem blühenden *Rhododendron* 'Praecox' zu Füßen.

der kombiniert immer ansprechend aus, hier kann man wenig falsch machen.
Der Vorteil intensiver Orange-, Gelb- und Rottöne liegt in der zusätzlichen Fernwirkung, die sich mit ihnen erzielen lässt. Auch an weit von einer Terrasse entfernten, aber von dort einsehbaren Standorten leuchten die kräftigen Blütenfarben zum Betrachter herüber, während helle Pastelltöne nur schwach und schemenhaft zu erkennen sind. Dunkle Blütenfarben wie Bordeaux, Dunkelviolett oder Mattrot wollen aus der Nähe betrachtet werden und gehen vor einer dunklen Kulisse, zum Beispiel einer Eibenhecke, völlig unter.

Als Randbepflanzung schattiger Wege eignen sich hervorragend die zierlichen Japanischen Azaleen; sie sind das Äquivalent zu Polsterstauden an sonnigen Wegen.

Viele Wildformen wachsen zu malerischen Gestalten heran und lassen sich daher auch sehr schön als **Solitärgehölze** einsetzen. Über einer Bepflanzung aus Schattenstauden, Farnen und Gräsern kommen sie bestens zur Geltung.
Vorgärten sind sehr häufig nach Norden ausgerichtet, sodass durch die Gebäude zumindest teilweise schattige Partien entstehen. Auch hier lassen sich Rhododendren gut in die Gestaltung einbeziehen. Zusammen mit immergrünen Gehölzen, Bodendeckern und Stauden entstehen pflegearme, aber abwechslungsreiche Pflanzungen.

Sonnige Standorte

Obwohl die meisten Rhododendren bei den richtigen Bodenverhältnissen auch an sonnigen Standorten gut gedeihen, steht man doch vor einer anspruchsvollen Aufgabe, wenn es darum geht, gestalterisch voll befriedigende Lösungen zu finden. Das sonnige Staudenbeet oder die »Mixed Border« ist auf keinen Fall der richtige Platz für Rhododendren, und auch zwischen den meisten Blütensträuchern wirken sie völlig deplatziert. Gestalterisch überzeugend wirkt hingegen die Verwendung

Diese Sichtschutzhecke besteht aus zahlreiche hochwüchsigen Rhododendron-Sorten. Zu Blütezeit zieht sie alle Blicke auf sich, wirkt aber auch den Rest des Jahres gepflegt.

im Heidegarten. Als Unterpflanzung kommen Heidekräuter und Gräser in Frage. Säulenförmiger Wacholder strukturiert die Pflanzung wirkungsvoll. Am besten verwendet man für eine solche Kombination kleinblättrige und nicht zu hoch wachsende Arten und Sorten, zum Beispiel *Rhododendron russatum,* aber auch Yakushimanum-Hybriden, deren filziger Laubaustrieb eine zusätzliche Zierde darstellt.

Rhododendron-Hecken

Hecken aus immergrünen Rhododendren sehen zur Blütezeit spektakulär aus und machen auch den Rest des Jahres immer einen gepflegten Eindruck. Allerdings benötigen sie nicht wenig Platz und sind daher kein Ersatz für geschnittene Thuja- oder Scheinzypressenhecken. Doch wenn es im Garten nicht auf jeden Meter ankommt, bietet sich hiermit eine echte Alternative, die auch im Winter völlig blickdicht ist.
Am besten verwendet man für eine Hecke hochwüchsige Hybriden, zum Beispiel die altbewährten Catawbiense-Sorten. Ganz neu auf dem Markt ist eine unter der Marke »INKARHO® Dufthecke« erhältliche wurzelechte Sorte, die bei der Suche nach kalktoleranten Veredelungsunterlagen ausgelesen wurde (mehr zum Thema INKARHO® finden Sie auf Seite 77). Die Sorte ersetzt die alten Catawbiense-Hybriden und wächst auch auf Böden mit höheren pH-Werten problemlos. Ein weiterer Pluspunkt sind ihre duftenden Blüten.

Rhododendron im Steingarten

Für den Steingarten bieten bieten sich verschiedene kissenförmig bis kriechend wachsende Zwergformen an, zum Beispiel *Rhododendron repens,* von dem zahlreiche Sorten gezüchtet wurden. Die Art zeichnet sich durch eine hervorragende Winterhärte aus, die Blütenfarben beschränken sich freilich auf unterschiedliche leuchtende Rottöne. Auch *Rhododendron keletikum* und *Rhododendron keiskei* sind echte Zwerge und damit für den Steingarten geeignet. Alle genannten Arten vertragen einen vollsonnigen Standort, sofern eine genügende Bodenfeuchte gewährleistet ist.

Rhododendron-Zwergformen eignen sich auch für den Steingarten.

Pflanzpartner für Rhododendren

Kombinationen mit Stauden

Azaleen mit Hasenglöckchen als Unterpflanzung

Die Gruppe der Stauden bietet vielgestaltige Möglichkeiten für eine Kombination mit Rhododendren.
Bedingt durch die Wuchshöhe der meisten Rhododendronsträucher liegt es nahe, Stauden flächig oder in Gruppen als Vorpflanzung zu verwenden. Sie begleiten die Rhododendronblüte als farblich harmonierender Teppich zu Füßen der dominierenden Sträucher. Schattenverträgliche Stauden, die den Lebensbereichen Gehölzrand bzw. Gehölz zugeordnet werden, kommen am besten mit den Bedingungen zurecht. Unter ihnen finden sich zahlreiche Bodendecker mit attraktivem Laub.
Auch verschiedene Zwiebelblumen lassen sich in kleinen Gruppen oder flächig verwenden. Die meisten der geeigneten Zwiebelblumen blühen im Frühjahr, zeitgleich mit der Rhododendronblüte. Mit ihnen erzielt man interessante, ja sogar spektakuläre Farbkontraste. Insbesondere Azaleen mit ihren knalligen Gelb- und Orangetönen erscheinen noch leuchtender, wenn sie mit blauen Hasenglöckchen *(Hyacinthoides hispanica, H. non-scripta)* unterpflanzt werden.
Auch unter den Stauden gibt es schöne blau blühende, zum Beispiel das Kaukasus-Vergiss-

Zwiebelpflanzen für die Kombination mit Rhododendren

Botanischer Name	Deutscher Name	Blütenfarbe (Monat)	Blütezeit	Wuchshöhe
Allium ursinum	Bärlauch	weiß	4–5	30–40 cm
Arum maculatum	Gefleckter Aronstab	unscheinbar	5, rote Beeren im Herbst	20–30 cm
Hyacinthoides hispanica	Spanisches Hasenglöckchen	blau, weiß, rosa	4–5	20–30 cm
Hyacinthoides non-scripta	Hasenglöckchen	azurblau	4–5	20 cm
Lilium auratum und Hybriden	Goldband-Lilie	weiß, hellrosa	6–7	bis 150 cm
Muscari armeniacum	Armenische Traubenhyazinthe	leuchtend blau	4–5	15–20 cm

Stauden für die Kombination mit Rhododendron

Botanischer Name	Deutscher Name	Wuchshöhe	Blütenfarbe	Blütezeit (Monat)	Bemerkung
Aquilegia vulgaris	Akelei	40–70 cm	blau, rosa, weiß	5–6	sät sich leicht aus
Astilbe chinensis var. *pumila*	Zwerg-Astilbe	20 cm	rosa	8–10	Teppiche bildend
Brunnera macrophylla	Kaukasus-Vergissmeinnicht	40–50 cm	himmelblau	4–5	locker horstiger Wuchs
Clematis heracleifolia	Hyazinthen-Waldrebe	80–100 cm	Hellblau	7–8	leicht kletternd, benötigt Anlehnung
Geranium x *oxonianum*	Oxforder Storchschnabel	30–60 cm	rosa	6–7	Rückschnitt nach der Blüte
Hosta in Arten und Sorten	Funkie	10–70 cm	weiß, hellviolett	6–7	Riesiges Sortiment, wertvolle Blattschmuckstaude
Omphalodes verna	Gedenkemein	10–20 cm	Himmelblau	3–5	ein Vergissmeinnicht für den Schatten
Primula in Arten und Sorten	Primel	5–30 cm	gelb, weiß, rosa, lila	3–5	kissenbildende und höhere Arten, in Gruppen
Pulmonaria officinalis	Geflecktes Lungenkraut	20–30 cm	rosa-violett	3–5	dekoratives Laub
Saxifraga x *urbium*	Porzellan-Steinbrech	20–30 cm	hellrosa	5–6	zierliche Blütenstände
Thalictrum delavayi	Delavay-Wiesenraute	100 –150 cm	violett	7–8	filigrane Schleierpflanze

meinnicht *(Brunnera macrophylla)*, Lungenkräuter *(Pulmonaria)* und Gedenkemein *(Omphalodes verna)*.
Gelb blühende Stauden harmonieren hervorragend mit rot- und violett blühenden Rhododendren. Die Golderdbeere *(Waldsteinia geoides)* ist eine äußerst robuste bodendeckende Staude, die aber trotzdem keine Nachbarn verdrängt. Etwas dominanter in ihrem Ausbreitungsdrang

Akeleien *(Aquilegia vulgaris)* versamen sich leicht und bilden schnell größere Bestände zwischen Rhododendren.

Schattenpartie mit Azaleen und Salomonssiegel *(Polygonatum)*.

verhalten sich Elfenblumen *(Epimedium)*. Viele Arten sind immergrün, und alle tragen wunderschönes herzförmiges Laub, das sehr gut mit den ledrigen Rhododendronblättern harmoniert. *Epinmedium pinnatum* blüht, zeitgleich mit vielen Rhododendren, hellgelb.
Wer Wert darauf legt, dass auch in der Rhododendronpflanzung während der ganzen Saison etwas blüht, wird sich schnell für die weiß blühende Schaumblüte *(Tiarella cordifolia)* begeistern. Das handförmige Laub ist zu jeder Zeit eine Zierde, am besten kommt es in einer Teppichpflanzung zur Geltung. Neben einer reichen Blüte im Spätsommer wartet die Staude obendrein noch mit einer bronzenen Herbstfärbung auf.

Gräser für die Kombination mit Rhododendren

Botanischer Name	Deutscher Name	Bemerkung
Carex morrowii	Japan-Segge	wintergrün, auch panaschierte Sorten
Carex pendula	Riesen-Hängesegge	hochwüchsig, auffällige Blüte
Carex plantaginea	Breitblatt-Segge	wintergrün, hellgrün
Hakonechloa macra 'Aureola'	Buntes Japanwaldgras	überhängender Wuchs, gestreift
Luzula nivea	Schnee-Marbel	weiße Blüte, zierlich
Luzula sylavatica	Wald-Marbel	robust, früher Austrieb, konkurrenzstark

Laubspielereien
Es gibt kaum eine Staude, die so wegen ihres Laubes geliebt wird wie die Funkie *(Hosta)*. Auch sie bietet sich für eine Unter- bzw. Vorpflanzung von Rhododendren an. Den besten Kontrast zum dunklen Laub der Sträucher bieten Sorten mit hellgrünen oder auch panaschierten Blättern. Am besten kombiniert man mehrere verschiedene Sorten, beschränkt sich aber auf eher schwachwüchsige. Die meisten Arten und Sorten blühen erst nach den Rhododendren und bereichern den Sommeraspekt der Pflanzung zusätzlich.

Der Einsatz hoher Stauden
Hohe horstbildende Stauden sind keine passenden Partner für Rhododendren. Doch es gibt einige hohe Arten, die sich verwenden lassen. Filigrane Gestalten wie etwa die Delavay-Wiesenraute *(Thalictrum delavayi)* oder auch einige staudige Waldreben *(Clematis)* benötigen einen Partner zum Anlehnen. Auf diese Weise verleihen sie Rhododen-

dronbüschen im Sommer sozusagen eine zweite Blüte. Ebenso hoch wachsen Goldband-Lilien *(Lilium auratum)*, die die gleichen Bodenansprüche wie Rhododendren geltend machen. Einige Exemplare vor den dunkellaubigen Büschen sehen zauberhaft aus.

Farne für die Kombination mit Rhododendren

Botanischer Name	Deutscher Name	Bemerkung
Adiantum pedatum	Pfauenradfarn	horstiger Wuchs, langsam ausbreitend
Athyrium filix-femina	Frauenfarn	anspruchslos, gelbe Herbstfärbung
Dryopteris filix-mas	Wurmfarn	anspruchslos, stark gefiederte Wedel
Matteuccia struthiopteris	Trichterfarn	imposant, starker Ausbreitungsdrang
Polystichum setiferum	Schildfarn	bei geschütztem Stand wintergrün, viele Sorten

Gräser und Farne als Kombinationspartner

Die feinen Strukturen und Texturen der Gräser und Farne bilden einen wunderbaren Kontrast zu dem derben Laub und den meist geschlossenen Wuchsformen der Rhododendren.

Am beeindruckendsten sind **Farne** im Frühjahr, wenn sich ihre Wedel langsam entrollen und so erst allmählich ihre Gestalt annehmen. Von den Standortbedingungen passen beide Gruppen sowieso bestens zusammen, denn auch Farne lieben humosen Boden und eine etwas höhere Luftfeuchtigkeit. Ob Sie die Farne dabei großflächig pflanzen oder in Gruppen zwischen Stauden, Zwiebelblumen und Gräser setzen, bleibt Ihrem persönlichen Geschmack überlassen.

Unter den **Gräsern** finden sich eine ganze Reihe Schatten liebende Arten. Seggen *(Carex)* sind besonders variantenreich, sehr schön im Kontrast zum dunklen Rhododendronlaub wirken gelblaubige und gelb oder weiß panaschierte Sorten, zum Beispiel *Carex elata* 'Aurea' und *Carex morrowii* 'Variegata'.

Kombinationen aus derbblättrigen Funkien *(Hosta)* mit filigranen Farnen und Gräsern vermitteln einen beruhigenden und eleganten Eindruck, ohne jemals langweilig zu werden.

Trichterfarne *(Matteuccia)* vor einer Gehölzgruppe mit Rhododendron.

Bodendecker unter Rhododendren

Unter dem Begriff Bodendecker werden alle Stauden und Gehölze zusammengefasst, die durch ihren kriechenden Wuchs und Ausläuferbildung schnell eine geschlossene Bodendeckung erreichen. Sie werden generell gerne unter Gehölzen verwendet, da sie den Pflegeaufwand verrringern. Auch Rhododendren lassen sich gut mit Bodendeckern unterpflanzen. Wichtige Bodendecker-Gehölze für halbschattige und schattige Bereiche sind Immergrün *(Vinca minor)* und Ysander *(Pachysander terminalis)*. Unter den Stauden empfehlen sich Gefleckte Taubnessel *(Lamium maculatum)*, Goldnessel *(Lamiastrum galeobdolon)* und Waldsteinie, besonders die stark Ausläufer bildende *Waldsteinia ternata)*. Zwischen den Bodendeckern finden immer noch Gruppen von Zwiebelpflanzen genügend Raum, die besonders im Frühjahr für zusätzliche Farbtupfer sorgen.

Rhododendren mit einer teppichartigen Unterpflanzung von Schaumblüte *(Tiarella)*.

Bodendecker für die Kombination mit Rhododendron

Botanischer Name	Deutscher Name	Bemerkung
Cardamine trifolia	Kleeblatt-Schaumkraut	Weiße Blüten, immergrün, Staude
Cornus canadensis	Teppich-Hartriegel	Weiße Blüten, rote Früchte, feuchter Boden, Gehölz
Dicentra eximia	Kleine Herzblume	Rosa, farnähnliches Laub, sehr ausbreitungsfreudig, Staude
Gaultheria procumbens	Rebhuhnbeere	Hellrosa Erikablüten, immergrün, feuchter Boden, auch im Heidegarten, Gehölz
Hedera helix	Efeu	Schwachwüchige Sorten verwenden, Gehölz
Lamiastrum galeobdolon	Goldnessel	Gelbe Blüten, stark ausbreitend
Lamium maculatum	Gefleckte Taubnessel	Rosa Blüten, Sorten mit schöner Blattzeichnung
Pachysander terminalis	Ysander, Dickmännchen	Immergrün, gut deckend, Gehölz
Tiarella cordifolia	Schaumblüte	Weiße Blüten, blüht im Spätsommer, dekoratives Laub
Vinca minor	Kleines Immergrün	Blaue Blüten, lange kriechende Triebe bildend, Gehölz

Gehölzpartner für Rhododendren

Am besten lassen sich immergrüne Rhododendren mit anderen schattenverträglichen Immergrünen vergesellschaften. Ausgezeichnete Partner sind zum Beispiel Lorbeerkirsche *(Prunus laurocerasus)* und Mahonien *(Mahonia)*. Sommergrün, aber sehr dekorativ fügt sich Scheineller *(Clethra)* ein, wobei sich die kleinwüchsigere Erlenblättrige Zimterle *(Clethra alnifolia)* für eine Vor- und Zwischenpflanzung eignet, während die bis 6 m hoch wachsende Japanische Zimterle *(Clethra barvinivervis)* eher etwas für den Hintergrund ist. Beide Arten blühen im Spätsommer in cremeweißen duftenden Rispen.
Für die Kombination mit Azaleen empfehlen sich elegante Sträucher, zum Beispiel Hartriegel *(Cornus)*, für die kleinen Japanischen Azaleen auch viele immergrüne Kleinsträucher. Buchsbaum *(Buxus)*, zu Kugeln geschnitten, ist als Vorpflanzung besonders geeignet.

Kleine Gehölze für den Vordergrund

Botanischer Name	Deutscher Name	Bemerkung
Buxus sempervirens	Buchsbaum	immergrün, besonders für Formschnitt geeignet, durch Schnitt klein halten
Clethra alnifolia	Zimterle	duftende Blüten
Gaultheria mucronata	Torfmyrthe	auffälliger Fruchtschmuck
Fuchsia magellanica	Magellan-Fuchsie	Winterschutz geben
Pieris japonica	Lavendelheide	weiße Blüten in Trauben, immergrün, zahlreiche Sorten
Skimmia japonica	Skimmie	immergrün, rote Beeren

Japanische Ahorne sind gute Kombinationspartner für Azaleen. Hier überragt ein einzelnes Exemplar von *Acer shirasawanumum* 'Aureum' eine größere Gruppe.

Gehölze für die Kombination mit Rhododendren

Botanischer Name	Deutscher Name	Wuchs-höhe	Bemerkung (Blütezeit-Monat)
Acer japonicum	Japanischer Ahorn	Je nach Sorte 2–4 m	Herbstfärbung, zahlreiche Sorten
Aucuba japonica	Aukube	2–3 m	immergrün, nur in milden Gegenden winterhart
Cornus florida	Blüten-Hartriegel	4–6 m	spektakuläre Blüten, weiß oder rosa, 4–5
Cotoneaster bullatus	Runzelige Zwergmispel	2–3 m	überhägender Wuchs, rote Beeren
Fothergilla major	Federbusch-strauch	1,5–3 m	silbrige Blütenkerzen 4–5, Herbstfärbung
Hydrangea aspera	Riesenblatt-Hortensie	2–3 m	lila Tellerblüten 7–8
Ilex aquifolium	Hülse, Stechpalme	3–5 m	immergrün, rote Beeren an weiblichen Pflanzen
Mahonia bealei	Lederblatt-Mahonie	1,5–2,5 m	immergrün, gelbe Blütenkerzen 2–3, Duft
Osmanthus x *burkwoodii*	Duftblüte	1,5–2 m	immergrün, Blüten weiß, duftend 4–5
Prunus laurocerasus	Lorbeer-kirsche	je nach Sorte 1–4 m	immergrün, weiße Blütenkerzen 5–6
Stewartia pseudocamellia	Schein kamelie	3–6 m	weiße Kamelienblüten 7–8, Herbstfärbung

Farbkombinationen mit Rhododendren

Die Verwendungsmöglichkeiten von Rhododendren wurden bereits kurz dargestellt, ebenso einige mögliche Kombinationspartner. Außer bei der Verwendung als Hecke oder als Solitärpflanze steht der Rhododendron immer in Beziehung zu seinen Pflanzpartnern und sollte möglichst gut mit diesen harmonieren. Dazu müssen die einzelnen Pflanzen sowohl hinsichtlich ihrer Blüten- und Blattfarben als auch hinsichtlich einer spannungsreichen Struktur, zum Beispiel durch kontrastierende Blattformen, miteinander harmonieren. Die Regeln sind universell und gelten sowohl für Staudenpflanzungen als auch für Gehölzkombination und gemischte Pflanzungen.

Grundsätzliche Überlegungen zur Farbgestaltung

Farbe ist das Gestaltungselement, das bei der Betrachtung einer Pflanzung als Erstes wahrgenommen wird. Farben und Farbkombinationen erzeugen spontane Stimmungen beim Betrachter. Neben der grundsätzlichen Wirkung einzelner Farben können sich Farben je nach Kombination auch gegenseitig beeinflussen, also steigern oder dämpfen.

So wirken die einzelnen Farben:

• **Weiß** wirkt elegant und strahlend und harmoniert mit allen anderen Farben. Monochrome weiße Pflanzungen können durch die verschiedenen Nuancen sehr subtil und luftig wirken, benötigen aber auch ein Gegengewicht, zum Beispiel durch das Grün der Blätter, um nicht zu verschwommen und konturenlos zu erscheinen. Weiß kann immer gut als trennendes Element zwischen Farben verwendet werden, die in direkter Nachbarschaft nicht gut miteinander harmonieren.

• **Gelb** wirkt je nach Farbton warm oder kühl. Gelbtöne mit Grünanteil erscheinen eher kalt, solche mit Orangeanteil dagegen warm. Kühle Gelbtöne vermitteln Frühjahrsstimmung, während ins Orange tendierende Gelbtöne dem Spätsommer zugeordnet werden.

• **Orange** wirkt warm, manchmal auch feurig. Es ist eine kraftvolle, dominierende Farbe, die leicht alle anderen Farben übertönt und daher mit Fingerspitzengefühl verwendet werden sollte.

• **Rot** wirkt je nach Grundton sehr unterschiedlich. Leuchtendes, ins Orange tendierendes Rot wirkt grell und strahlend. Es zieht sofort die Aufmerksamkeit auf sich. Rot, das einen Blauanteil in sich trägt, hat hingegen eine ganz andere Ausstrahlung; Es wirkt kühl, manchmal sogar kalt. Beide Arten von Rot sollten nicht miteinander kombiniert werden, sie »beißen« sich geradezu.

• **Rosa** ist eine verbindende Farbe. Mit Rosa assoziiert man Süße, Romantik, Duftigkeit. Doch ebenso wie bei Weiß ist darauf zu achten, dass genügend spannende Strukturen in der Pflanzung vorhanden sind, damit sie nicht konturenlos wirkt.

• **Reines Blau** ist eine kühle Farbe, die für Frische und Entspannung steht. Sowohl das Meer als auch der Himmel sind blau, und beide symbolisieren Ewigkeit und Ruhe. Auch beim Blau gibt es Abstufungen hin zu violetten Tönen, die wärmer wirken als reines Blau. Am kältesten wirken Türkis-Töne.

• **Grün** ist eine beruhigende Farbe. Sie verbindet und vermittelt wie Weiß zwischen allen anderen Farben, stellt sich dabei aber nie selbst in den Vordergrund.

Harmonisch oder spannungsreich ?

Je nach Zusammenstellung einzelner Farben wirken Pflanzungen harmonisch oder spannungsreich. Farbkombinationen, die die gewünschte Wirkung entfalten, finden Sie am einfachsten mit Hilfe eines Farbkreises.
Ein Farbkreis zeigt die Palette der zwölf reinen Farben. Die Farben, die sich im Farbkreis gegenüber stehen, werden Komplementärfarben genannt und ergeben einen spannungsreichen Kontrast. Komplementärfarben sind zum Beispiel: Gelb und Violett, Rot und Grün, Orange und Blau.
Farben, die auf dem Farbkreis nebeneinander stehen, wirken zusammen harmonisch. Sie haben relativ viele gemeinsame Farbpigmente, während Komplementärfarben keine gemeinsamen Farbpigmente aufweisen.

Hier wurden kühle und warme Rosa- und Karmintöne miteinander kombiniert. Das Ergebnis ist spannungsreich, aber trotzdem harmonisch.

Feuriges Orangerot erhält in dieser Pflanzkombination das nötige Gegengewicht durch die blaue Unterpflanzung.

Kühl und erfrischend kommt die Zusammenstellung von Weiß und Hellgelb daher.

Alle Farbtöne können zudem noch unterschiedlich durch Weiß aufgehellt sein und dadurch ihren Charakter erheblich verändern. Farbkräftiges Violett etwa wandelt sich durch einen hohen Weißanteil zu einem pudrigen Lila.

Beim Spiel mit Farbe haben Sie also drei verschiedene Möglichkeiten, an eine Pflanzplanung heranzugehen:

- **Pflanzungen mit kontrastierenden Farben**

Dazu verwenden Sie Farben, die sich auf dem Farbkreis mehr oder weniger gegenüber stehen. Neben den Komplementärfarben Orange und Blau können Sie auch Gelb und Blau oder Rot und Blau zusammen verwenden. Kritisch wird es allerdings bei der Kombination von Violett und Orange, obwohl es durchaus gelungene Zusammenstellungen dieser beiden Farben gibt. Sie sind aber gewöhnungsbedürftig und erfordern viel Fingerspitzengefühl bei der Planung.

Interessant sind auch kontrastierende Dreiklänge, beispielsweise Rot-Weiß-Blau oder Rot-Gelb-Blau.

- **Pflanzungen mit benachbarten Farben**

Farbkombinationen aus Farben, die auf dem Farbkreis direkt nebeneinander stehen, sind auch für jemand, der sich bei Farbverwendung noch nicht allzu sicher fühlt, relativ einfach zu planen. Zusammenstellungen der Farben Gelb, Orange und Rot wirken immer harmonisch, solange in den Rottönen keine Blauanteile enthalten sind. Fast schon klassisch ist die Zusammenstellung von Purpur, Violett und Blau. Sie ist der Inbegriff der Farbpalette für einen romantischen Garten. Bei entsprechenden Weißanteilen hellt sich diese Kombination zu Rosa, Lila und Hellblau auf.

- **Monochrome Pflanzungen**

Verwendet man nur eine einzelne Farbe in verschiedenen Nuancen und Helligkeitsabstufungen, spricht man von monochromen Pflanzungen. Sie wirken sehr harmonisch, können aber auch langweilig werden, wenn nicht

Der frische Laubaustrieb von *Rhododendron yakushimanum* ist besonders dekorativ. Der weißfilzige Belag schmückt die Blätter bis in den Herbst hinein.

auf belebende horizontale und vertikale Strukturen geachtet wird. Auch die verschiedenen Laubfarben und -formen tragen zur Belebung einer monochromen Pflanzung bei.

Laubschmuck

Bei Rhododendren denken die meisten natürlich zunächst an die auffälligen Blüten im Frühling und Frühsommer. Rhododendren sind aber durchaus auch interessante Laubschönheiten, wobei die dekorativen Aspekte je nach Gruppe ganz unterschiedlich sind. Die klassischen großblütigen Hybriden haben relativ große, dunkelgrüne und glänzende Blätter von ledriger Konsistenz. Würde man sie nur untereinander und mit ähnlichen immergrünen Gehölzen wie z.B. Kirschlorbeer kombinieren, entstünde leicht ein düsterer Eindruck. Das dunkle Blattwerk bildet jedoch ein perfektes Gegengewicht zu dem hellgrünen, zierlichen Laub von Farnen, Gräsern und Stauden wie Astilben und auch panaschierten Funkien.
Etliche immergrüne Wildarten und deren Abkömmlinge zeichnen sich durch Besonderheiten aus. Das junge Laub von *Rhododendron yakushimanum* beispielsweise, das nach der Blüte austreibt, ist mit einem silbrig filzigen Belag überzogen, der bis spät in den Herbst erhalten bleibt.
Einige Arten besitzen auch eine besondere Blattform. *Rhododendron makinoi* hat extrem schmale Blätter, die einen schönen Kontrast zu den besonders großen Blättern von z.B. *Rhododendron calophytum* bilden.
Bei den sommergrünen Azaleen sollte auch die oft sehr schöne **Herbstfärbung** als Gestaltungsaspekt mit einbezogen werden. *Rhododendron luteum* und etliche Knap-Hill-Hybriden begeistern durch ihre lodernd orangerote Laubfärbung, bei anderen Arten färbt sich das Laub auch gelb.

auf einen blick

- Für fast alle Bereiche im Garten, auch für sonnige Standorte, gibt es passende Arten und Sorten unter den Rhododendren.
- Durch geschickte Kombination verschiedener Arten und Sorten lässt sich die Blütezeit von Anfang April bis Mitte Juni ausdehnen.
- Eine Unterpflanzung mit Stauden, Gräsern und Farnen sorgt auch außerhalb der Blütezeit für Farbe und den nötigen Kontrast zu dem dunklen Laub.

Rhododendron im Garten – die Praxis

Die richtigen Standortbedingungen und ein Mindestmaß an sachgerechter Pflege – wenn diese beiden Grundvoraussetzungen erfüllt sind, wachsen Rhododendren und Azaleen zu attraktiven und zuverlässig blühenden Sträuchern heran. In diesem Kapitel erhalten Sie Tipps für die richtigen Pflegemaßnahmen.

Der passende Standort

Damit sie zu dauerhaft schönen und gesunden Sträuchern heranwachsen können, muss man die Ansprüche von Rhododendren in Bezug auf den Standort berücksichtigen. Diese betreffen Lichtverhältnisse, Klima und Boden sowie Wasser- und Nährstoffbedarf.

Ansprüche an den Boden

Der optimale Boden für die meisten Rhododendron-Arten und Sorten ist humos, gleichmäßig feucht, trotzdem durchlässig, ohne stauende Nässe, nährstoffreich und besitzt einen **pH-Wert** von 4,5 bis 5,5. Gleich vorweg gesagt: In den meisten Gärten muss der vorhandene Boden vor der Pflanzung verbessert werden. Um Aufschluss über den Zustand des Bodens im Garten zu erhalten, lohnt es sich, diesen gründlich zu analysieren, um dann gegebenenfalls die erforderlichen Verbesserungsmaßnahmen durchzuführen.

Einen ersten Eindruck kann man schon mit Hilfe der so genannten **Fingerprobe** erhalten. Dazu entnimmt man eine Hand voll Erde, knetet diese gut durch und reibt sie dann zwischen Daumen und Zeigefinger hin und her. Die Analyse ist recht einfach:

- Sand knirscht beim Reiben stark und fällt sofort auseinander.
- Lehmiger Sand fühlt sich rau an und knirscht, lässt sich aber zur Kugel rollen.
- Sandiger Lehm fühlt sich rau und stumpf an, knirscht nur sehr schwach, lässt sich gut rollen und fällt auch beim Biegen nicht auseinander.
- Lehm ist staubig, glatt und stumpf, lässt sich leicht ausrollen und ist biegsam.
- Toniger Lehm ist gut ausrollbar und biegsam, glänzt

◀ Schwerer nasser Schnee kann zu Schneebruch führen. Um dies zu verhindern, kann man ihn abschütteln oder abfegen.

Offensichtlich wurden hier alle Ansprüche an den Boden auf perfekte Weise erfüllt. Die Rhododendren machen einen überaus gesunden Eindruck.

Viele Wildarten werde in ihrer Heimat baumhoch. Bei uns ist der Zuwachs allerdings geringer.

pH-Wert messen

Um den pH-Wert des Bodens festzustellen, können Sie einen Schnelltest durchführen, den Sie im Handel erhalten und der sehr einfach zu handhaben ist. Ein ph-Wert unter 6 kennzeichnet sauren Boden, über 7 alkalischen. Wie Sie den pH-Wert des Bodens absenken und damit »rhododendrongerecht« machen, wird auf Seite 82 erläutert.

schwach und klebt leicht an den Fingern.

• Ton ist ganz glatt, stark klebrig und glänzt fettig. Es ist sehr gut ausrollbar und biegsam.

Alle Bodenarten können durch kontinuierliche Einarbeitung von organischem Material dauerhaft verbessert werden. Durch Zugabe von reichlich reifem Kompost, Stallmist und Gesteinsmehlen lässt sich leichter Sandboden wirkungsvoll aufwerten. Einerseits erhöht sich dadurch der Nährstoffgehalt, andererseits werden auch die Niederschläge besser im Boden festgehalten und sind für Pflanzenwurzeln länger verfügbar. Auch eine Einarbeitung von Torf erhöht die Speicherfähigkeit des Bodens.
Schweren Böden hingegen fügen Sie regelmäßig Rindenhumus und Rindenmulch, am besten von Nadelgehölzen, zu. Mit einem Häcksler lassen sich leicht größere Mengen an Gehölzschnitt verarbeiten, das Häckselgut kann in den Boden eingearbeitet werden, leistet aber auch als Mulchmaterial gute Dienste. Wichtig ist in jedem Fall, für einen dauerhaft hohen Humusgehalt zu sorgen, besonders im oberflächennahen Wurzelbereich.

Die richtigen Lichtverhältnisse

In ihrer Heimat bilden lichte Wälder den natürlichen Lebensraum der meisten Rhododendren. Deshalb gedeihen fast alle Arten und Sorten am besten unter folgenden Bedingungen:

• **beschattete Wurzeln,**

• **genügend Licht** für Blätter und Blüten,

• **feuchte Luft.**

Lichter Schatten von tief wurzelnden Bäumen wie zum Beispiel Eichen, Gingkobäumen, Kiefern oder Lärchen ist ideal. In tiefem Schatten lässt die Blühleistung schnell zu wünschen übrig. Die Baumkronen der Laub abwerfenden Bäume und die lichten Kronen von Kiefern filtern auch die Strahlen der Wintersonne in genügender Weise und schützen vor scharfen Winterwinden.
Weniger geeignet sind exponierte Standorte, vor allem wenn sie der Mittagssonne ausgesetzt sind. Besonders im Winter leiden die immergrünen Arten unter der erhöhten Verdunstung bei starker Sonneneinstrahlung. Kommt gleichzeitig noch Frost dazu, können die Pflanzen den starken Feuchtigkeitsverlust nicht durch die Aufnahme von Wasser über die Wurzeln aus-

gleichen und zeigen sehr schnell Trockenschäden.
Generell gilt: Kleinblättrige Arten wie zum Beispiel die immergrünen Japanischen Azaleen sind in dieser Hinsicht robuster. Auch Yakushimanum-Hybriden vertragen sonnige Standorte recht gut. In ihnen fließt ausreichend Blut der Wildart *Rhodo dendron yakushimanum,* die in ihrer Heimat auf recht exponierten Bergwiesen wächst und dort in hohem Maße Wind und Sonne ausgesetzt ist.
Laub abwerfende sommergrüne Azaleen sind durch Wintersonne und -wind sehr viel weniger gefährdet. Allerdings gibt es unter ihnen etliche sehr früh blühende Arten, die für einen sonnigen bis lichtschattigen, aber geschützten Standort dankbar sind. An exponierten Standorten sind die Blüten besonders durch starke Nachtfröste nach sonnigen Tagen bedroht. Wo hohe Bäume im Garten fehlen, lassen sich geschützte Bereiche durch die Anpflanzung von Hecken einrichten. Im Windschatten von Gebäuden ist das Mikroklima ebenfalls durchaus rhododendronfreundlich, allerdings stehen die Pflanzen dann oft auch im Regenschatten und müssen entsprechend häufig gewässert werden.

Rhododendren auf INKARHO®-Unterlagen

Obwohl Rhododendren seit ihrer Entdeckung zu den beliebtesten Blütengehölzen zählen, wurde doch immer wieder Kritik bezüglich ihrer Ansprüche und Verwendungsmöglichkeiten laut. Gartenbesitzer stören sich häufig an dem Aufwand, der betrieben werden muss, um ungünstige Bodenverhältnisse rhododendrongerecht zu verändern. Trotz der Anlage von ausreichend großen Pflanzgruben und dem Austausch des Bodens wachsen die Sträucher häufig nicht zufriedenstellend und leiden nach einiger Zeit unter den typischen Mangelerscheinungen wie Chlorose und ähnlichem. Für die Aufbereitung des Pflanzsubstrates werden zudem oft große Mengen an Torf benötigt. Dies ruft besonders die Kritik von Umweltschutzorganisationen hervor, da durch

Unter flach wurzelnden Bäumen wie Birken sollte man auf keinen Fall Rhododendren pflanzen, da diese der Wurzelkonkurrenz in Oberflächennähe nicht gewachsen sind und keine ausreichende Wasserversorgung gewährleistet ist.

Sorten, die auf INKARHO®-Unterlagen veredelt wurden, tragen ein entsprechendes Etikett, das nur an Lizenznehmer ausgegeben wird.

den Torfabbau Hochmoore empfindlich gestört werden, auch wenn die Firmen heute in der Regel ressourcenschonenden Torfabbau betreiben.
Ab 1979 arbeiteten Züchter und Wissenschaftler gemeinsam an der Entwicklung kalktoleranter Pflanzen. Von ca. 2 Millionen ursprünglich beteiligten Sämlingen blieben nach Kreuzungen, Invitro-Tests und mehrjährigen Freilandprüfungen schließlich 60 Sämlinge übrig, auf deren Klone 1989/90 dann 20 verschiedene Sorten veredelt wurden. 1992 erwarb die **In**teressengemeinschaft **ka**lktoleranter **Rho**dodendronunterlagen, **INKARHO,** die Rechte an den kalktoleranten Veredlungsunterlagen. (Die **INKARHO** ist ein Zusammenschluss von 26 Baumschulbetrieben aus Norddeutschland, die die Forschungsarbeiten seit 1984 finanziell unterstützt hatten.) 1997 waren genügend Pflanzen in den ersten Verkaufsgrößen verfügbar, um mit der Markteinführung zu beginnen. Rhododendren auf INKARHO®-Unterlagen wachsen ohne Probleme auf durchlässigen Lehmböden mit pH-Werten bis zu 7, bei guter Bodenvorbereitung sogar bis zu Werten von 8. Die Einbringung von Torf wird damit überflüssig.

Vorbereitung, Kauf und Pflanzung

Methoden zur Bodenverbesserung

Nachdem der Boden im Garten analysiert wurde (vgl. Seite 75), sollte er sorgfältig vorbereitet werden, um den Pflanzen einen dauerhaften Lebensraum geben zu können.

Bodenverdichtungen aufbrechen

Rhododendren sind Flachwurzler, das heißt, ihre Wurzeln sind nicht in der Lage, in tiefere Bodenschichten vorzudringen und von dort Nährstoffe und auch Wasser »abzuzapfen«. In Neubaugebieten sind Gartenböden häufig durch den Einsatz von schweren Baumaschinen, in ländlichen Gegenden auch durch jahrelange Nutzung als Kuh- oder Pferdeweide, in den oberen und besonders wichtigen Schichten verdichtet.
Um den Boden wieder lockerer und damit für die Pflanzen durchwurzelbar zu machen, muss zunächst tiefgründig gelockert werden. Dazu wird er mit dem Spaten oder einer Grabegabel grobschollig umgegraben. Am besten erledigt man diese Arbeit im Herbst, sodass im Winter durch den Frost eine krümelige Struktur entsteht. Gerade bei schweren Böden hat sich doppeltes Umgraben, das so genannte **Rigolen,** bewährt. Dabei geht man folgendermaßen vor: Die Fläche wird in ca. 50 cm breite Reihen unterteilt. Die erste Reihe wird zwei Spaten tief ausgehoben, der Aushub an der Seite abgelegt. Als nächstes kommt der Aushub der zweiten Reihe in den Graben der ersten Reihe. Wegen der doppelten Spatentiefe des Grabens gelangt die obere Bodenschicht samt Grasnarbe und Unkräutern nach unten. Den meisten Unkräutern wird auf diese Weise die Grundlage für weiteres Wachstum entzogen. Vor allem die Samen der Einjährigen liegen jetzt zu tief, um erfolgreich keimen zu können. Auf diese Weise arbeitet man sich Reihe für Reihe bis zum Ende der Fläche vor. In den letzten Graben füllt man dann den Aushub des ersten Grabens ein.

Kampf dem Unkraut

Schon beim Umgraben sollte man Wurzelunkräuter wie Quecke, Giersch und Ackerwinde sorgfältig herausziehen und auch jedes noch so kleine Wurzelstückchen aufsammeln. Diese Arbeit ist mühsam, aber nur so ist gewährleistet, dass diese lästigen Unkräuter wirklich dauerhaft verschwinden. Es ist nicht ratsam, die Fläche gleich nach der ersten Unkrautentfernung zu bepflanzen, denn erfahrungsgemäß bleiben trotz aller Sorgfalt immer einige Wurzelstückchen im Boden. Graben Sie regelmäßig alle neuen Triebe aus, bis der Boden wirklich unkrautfrei ist. Sehr wirkungsvoll ist es auch, die Fläche einige Monate lichtundurchlässig abzudecken, um die Unkräuter regelrecht auszuhungern. Dazu verwendet man am besten dicke Schichten Zeitungspapier, die überlappend auf dem zukünftigen Beet ausgelegt werden. Damit sie nicht wegfliegen, kann man sie mit Steinen oder einer dünnen Schicht Erde beschweren. Schwarze Folie eignet sich ebenfalls, hat aber den Nachteil, dass sie keine Niederschläge durchlässt, was für das Bodenleben nicht unbedingt förderlich ist. Die Abdeckung sollte möglichst lange, mindestens aber 4–5 Monate auf der Fläche verbleiben. Heben Sie sie zwischendurch an einigen Stellen leicht an und überprüfen, ob Triebe zu sehen sind, die sich bis zur Oberfläche empor gekämpft haben. In diesem Falle sollte die Abdeckung noch länger liegen bleiben.

Für Pflanzen gibt es nichts besseres als reife Komposterde. Am besten und günstigsten ist die eigene Herstellung.

Gründüngung für lockeren Boden

Zusätzlich zur Bodenlockerung durch Muskelkraft ist eine Gründüngung nützlich. Sie bietet gleich mehrere Vorteile:

- Die Bodenstruktur wird verbessert.
- Der Boden wird mit reichlich organischem Material angereichert.
- Die Wurzeln der Gründüngungspflanzen brechen Verdichtungen weiter auf.
- Das Bodenleben wird aktiviert, da die zahlreichen Mikroorganismen »Futter« erhalten.
- Die geschlossene Pflanzendecke unterdrückt aufkeimendes Unkraut.

Je nach Bodenart können unterschiedliche Gründgüngungspflanzen eingesetzt werden. Arten mit langer Pfahlwurzel brechen den Boden besonders wirkungsvoll auf. In diese Gruppe gehören zum Beispiel Gelber Senf und Ölrettich. Bienenfreund, auch als *Phacelia* bekannt, ist auf leichten Böden mit hohem Sandanteil die richtige Wahl. Etliche Gründüngungspflanzen können auch Stickstoff aus der Luft sammeln und über Knöllchenbildung an den Wurzeln dem Boden zuführen. Diese Eigenschaft ist typisch für viele Leguminosen, zum Beispiel

Im Fachhandel sind verschiedene Gründünger-Mischungen erhältlich, die bereits auf die einzelnen Bodenarten abgestimmt sind.

Lupine, Luzerne und andere Klee-Arten.
Üblicherweise wird der Gründünger im Frühling oder Frühsommer ausgesät und im Herbst nach den ersten Frösten abgemäht. Die Pflanzenmasse wird einfach untergegraben und zersetzt sich während des Winter zum größten Teil. Wer den Boden den Winter über nicht brach liegen lassen will, kann im frühen Herbst Winterroggen ausbringen, der dann im folgenden Frühjahr untergegraben wird.

Ausgetopfte Pflanze mit einem gut entwickelten Wurzelballen, der sich leicht aus dem Topf löst und dabei nicht zerfällt.

Der Einkauf von Gehölzen

Sobald Sie entschieden haben, wie Ihre Pflanzung aussehen soll, können Sie an den Einkauf denken.

Größen und Preise

In Baumschulen und Gartencentern finden Sie eine große Auswahl nicht nur an Arten und Sorten, sondern auch an verschieden Verkaufsgrößen. Größere Exemplare sind naturgemäß teurer, da sie in der Baumschule länger betreut und gepflegt wurden. Hier müssen Sie abwägen, ob Sie gleich mehr Geld für höhere Pflanzen ausgeben wollen oder ob Sie preiswerte kleinere kaufen und ein paar Jahre länger bis zur endgültigen Größe warten. Auch die unterschiedlichen Arten und Sorten können erhebliche Preisunterschiede aufweisen; einige werden in großen Stückzahlen vermehrt, weil sie häufig nachgefragt werden, andere sind seltener im Handel oder lassen sich nicht so einfach vermehren. Diese sind unter Umständen um einiges teurer.

Qualitäten und Verkaufsformen

Rhododendren werden als Ballenware oder Containerpflanzen angeboten. **Ballenware** wird in der Baumschule regelmäßig verpflanzt, um den Wurzelballen kompakt zu halten. Zum Verkauf wird der Ballen dann in ein Ballentuch gewickelt, das die Wurzeln vor Verletzung und Austrocknung schützt. Ballenware kann nicht ganzjährig, sondern nur von Oktober bis April bei frostfreier Witterung gepflanzt werden.
Containerpflanzen werden in der Baumschule von Anfang an in Plastiktöpfen herangezogen. Sie können zu jeder Zeit gepflanzt werden, sind aber auch am teuersten. In den letzten Jahren sind die Baumschule mehr und mehr dazu übergegangen, ihre Gehölze als Containerpflanzen anzubieten, sodass die Auswahl inzwischen ziemlich umfassend ist.
Größere Exemplare über 150 cm werden selten in Containern angeboten, da die Kultur solch großer Pflanzen darin sehr schwierig ist.
Für welche Pflanzengröße Sie sich entscheiden, hängt davon ab, wie viel Geld Sie ausgeben können und wie wichtig es Ihnen ist, dass die Pflanzen bereits in jungen Jahren einen gewissen Sichtschutz bieten, wenn Sie zum Beispiel eine Rhododendronhecke an der Grundstücksgrenze planen.

Das Pflanzloch für einen Rhododendronbusch sollte möglichst doppelt so breit sein wie die Pflanze nach einigen Jahren wird. Die Erde der Grube tauscht man aus und ersetzt sie durch aufbereitetes Substrat. Bei schwerem Boden ist eine Dränage mit Kies sinnvoll. Eine rundum gelegte Sperre verhindert, dass sich das Substrat mit dem benachbarten Boden mischt.

Das Pflanzen

Die beste Pflanzzeit

Die ideale Pflanzzeit für Rhododendren und Azaleen ist der Herbst (September bis Mitte November), in jedem Fall vor dem ersten Frost, oder das Frühjahr, wenn der Boden offen ist, bis spätenstens Mitte Mai. Containerpflanzen können auch während der Sommermonate gepflanzt werden. In diesem Fall müssen Sie aber in der Zeit nach der Pflanzung besonders sorgfältig und ausgiebig wässern.

Bei der Festlegung der Pflanzabstände sollten Sie die Wuchsleistung der Sträucher im Auge behalten. Für eine Hecke kann man die Abstände natürlich etwas enger wählen, ansonsten sollten Sie den Gehölzen genügend Raum einräumen, damit sie sich zu gut proportionierten, gleichmäßigen Sträuchern entwickeln können. Falls eine Rhododendrongruppe im Laufe der Jahre aber doch zu dicht steht, lassen sich auch ältere Exemplare umpflanzen. Dies geschieht am besten im Herbst. Wichtig dabei ist, dass der Wurzelballen nicht beschädigt wird und die Pflanze sofort an ihrem neuen, gut vorbereiteten Standort eingesetzt wird.

Vorbereitung

Bei Ballenpflanzen bleibt das Ballentuch zunächst um den Wurzelballen. Sinnvoll ist es, die Gehölze vor dem Pflanzen ausgiebig zu wässern, am besten indem man sie einige Stunden mitsamt Ballentuch oder Container in einem gefüllten Wassereimer oder Bottich einweicht.

Ausheben des Pflanzlochs

Heben Sie das Pflanzloch mindestens anderthalbmal, besser doppelt so groß aus wie den Wurzel-/Containerballen bzw. den Wurzelstock. Danach lockern Sie den Grund mit einer Hacke noch einmal auf. Die ausgehobene Erde, besonders der Oberboden, wird mit Kompost, etwas Häckselmaterial, einer Hand voll Dünger (z.B. Hornspäne oder handelsüblicher Langzeitdünger) und bei schwerem Boden zudem mit Sand vermischt.

Am besten werden Gehölze bei trübem bzw. bedecktem Wetter in die Erde gesetzt, weil die Pflanzen dann weniger Wasser verdunsten. So verkraften sie den Umpflanzschock besser. Auf jeden Fall sollten Sie die frisch gepflanzten Gehölze die ersten Tage und Wochen immer großzügig wässern, bis die Wurzeln gut eingewachsen sind.

Bei diesem noch nicht ganz gefüllten Pflanzloch kann man gut die eingegrabene Substratsperre erkennen, die verhindert, dass sich die aufbereitete Erde aus dem Wurzelbereich entfernt.

Sie können den vorgesehenen Standort schon einige Monate vorher systematisch verbessern, die verschiedenen Methoden sind auf Seite 78 beschrieben. Bei für Rhododendren eher ungeeigneten kalkhaltigen und dazu noch zu Trockenheit neigenden Böden kommt man um einen großräumigeren Bodenaustausch nicht herum. Dazu hebt man eine Pflanzgrube aus, das mindestens die vierfache Größe des Wurzelballens besitzt. In die Grube gibt man eine Mischung, die zur einen Hälfte aus Torf, zur anderen Hälfte aus einer Mischung aus Laubhumus und reifem Kompost besteht. Falls kein Laubhumus zur Verfügung steht, können Sie auch im Handel erhältliche spezielle Rhododendronerde verwenden. Unter Namen wie »Rhodohum« o.ä. werden Substrate in guter Qualität angeboten. Als Dünger wird chloridarmer (=salzarmer) mineralischer Volldünger untergemischt, um der Pflanze optimale Startbedingungen zu geben. Bewährt und überall erhältlich ist beispielsweise Blaukorn Entec von Compo, ein Spezialdünger in gekörnter Darreichungsform, der seine Wirkung über 4–5 Monate gleichmäßig entfaltet. Depotdünger für Koniferen, zum Beispiel Osmocote Tannendünger in gekörnter Form, ist zur Düngung von Rhododendren gut geeignet. Bei der Pflanzung genügt es, ein bis zwei Hände voll unter das Pflanzsubstrat zu mischen.

Bei einer Frühjahrspflanzung wird im selben Jahr keine weitere Düngergabe mehr benötigt, bei einer Herbstpflanzung sollte im folgenden März noch einmal die gleiche Menge eingebracht und vorsichtig eingeharkt werden.

Das Einpflanzen

Bei Containergehölzen heben Sie die Pflanze vorsichtig aus dem Topf und setzen sie in das Pflanzloch. Ballenpflanzen setzen Sie mitsamt Ballentuch in das Loch, öffnen das Tuch dann vorsichtig und ziehen es etwas herunter, damit es unter der Oberfläche bleibt. Die Wurzeln durchwachsen das schnell verrottende Tuch in kurzer Zeit.

Gehölze sollten immer genau so tief gepflanzt werden, wie sie vorher standen. Wenn Sie die Pflanze in der entsprechenden Höhe über das Pflanzloch halten, sehen Sie, wie viel der verbesserten Erde Sie hineingeben müssen, bevor Sie die Pflanze einsetzen. Danach füllen Sie die Hohlräume und Seiten sorgfältig mit der restlichen Erde auf. Treten Sie die Erde zwischendurch immer gut fest, damit der Anschluss an das Wurzelwerk gewährleistet ist. Danach wird sehr gründlich angegossen.

Regelmäßige Pflegemaßnahmen

Düngen

Nach der Startdüngung beim Einpflanzen brauchen Sie Rhododendren nur noch einmal jährlich im März/April sparsam mit einem der nachfolgend genannten Spezialdünger düngen.
Wer nur rein organische Dünger verwenden möchte, kann auf Stickstoffphosphat zurückgreifen (erhältlich als NP-Rhododendrondünger), der eine Wirksamkeit von 3–4 Monaten besitzt.
Eine Düngung mit gut verrottetem Stallmist bzw. im Handel erhältlichem Rinderdung wird nur von älteren, gut eingewachsenen Exemplaren gut vertragen. Junge Pflanzen benötigen in jedem Fall Spezialdünger.
Generell gilt: Dem Boden muss nur so viel an Dünger zugeführt werden, wie ihm die Pflanzen entziehen. Bei zu reichlichen Düngergaben wird das Grundwasser unnötig belastet. Genaue Empfehlungen bezüglich Menge und Zusammensetzung erhalten Sie, wenn Sie Bodenproben an eine der Untersuchungsanstalten senden, die Bodenanalysen vornehmen (Adressen siehe S. 92).
Organische Dünger werden aus pflanzlichen oder tierischen Materialien hergestellt. Sie wirken langsam und gleichmäßig, da sie nach und nach von im Boden lebenden Mikroorganismen zersetzt werden. Bei höheren Temperaturen arbeiten die Mikroorganismen schneller, bei niedrigen Temperaturen entsprechend langsamer. Auf jeden Fall dauert es 3–4 Wochen, bis die Pflanzen den aufgebrachten Dünger aufnehmen können. Zur Gruppe der organischen Dünger gehören zum Beispiel reifer Kompost, Hornspäne und Rinderdung.
Mineralische Dünger sind hingegen wasserlöslich und für die Pflanzen sofort verfügbar. Sie sind in verschiedenen Mischungen oder auch als einzelne Mineralien im Handel erhältlich. Phosphat, Kali und Stickstoff gehören in diese Gruppe. Bei der Anwendung sollte man bedenken, dass jeder Überschuss, der von den Pflanzen nicht aufgenommen werden kann, schnell ins Grundwasser gelangt. Deshalb bei hohem Nährstoffbedarf der Pflanzen lieber öfter, aber sparsam düngen.
Übrigens kann man auch mit organischen Düngen leicht zu viel des Guten tun. Kompost aus Rasenschnitt und Pflanzenabfällen enthält einen hohen Anteil an Stickstoff und sollte daher nicht zu großzügig verwendet werden.
Wenn irgend möglich sollten Sie einen Komposthaufen im eigenen Garten anlegen – das ist der beste Lieferant von humusreichem organischem Material.
Bei der Verrottung von pflanzlichem Material entsteht Wärme, die die Vermehrung von Bakterien und Mikroorganismen fördert. Diese wandeln den Abfall in Kompost um. In den Komposthaufen können Sie fast alle Garten- und Küchenabfälle geben. Dabei sollten Sie groben und feinen Abfall immer gut mischen. Feuchter Rasenschnitt verklumpt zum Beispiel leicht, wenn man ihn in zu dicken Schichten aufsetzt. Dann wird der Rotteprozess gestört, und es kommt zu Schimmelbildung. Geben Sie also immer reichlich gehäckselte Äste oder auch Zeitungspapier dazwischen. Größere Mengen Laub können Sie auch gesondert kompostieren.

Neben rein organischen oder mineralischen Düngern sind auch Mischungen erhältlich, so genannte organisch-mineralische Dünger. Sie wirken schnell und lang anhaltend.

Sie erhalten auf diese Weise wertvolle Lauberde, die Sie zum Mulchen und zur Bodenverbesserung verwenden können, besonders für schattige Beete unter Bäumen.

Mulchen

Auch das Mulchen mit Rindenmulch oder gehäckseltem Gehölzschnitt hat sich bewährt. Die Feuchtigkeit wird dadurch besser im Boden gehalten und das Unkraut von Anfang an wirksam unterdrückt. Das Mulchmaterial zersetzt sich nach 1–2 Jahren und muss daher regelmäßig erneuert werden. Zum Mulchen zwischen Rhododendren lässt sich besonders gut die Rinde und Nadeln von Koniferen verwenden, die bei stetiger Verwendung mit dazu beitragen, den pH-Wert dauerhaft niedrig zu halten. Auch Bodendeckern wie Efeu *(Hedera helix* in kleinlaubigen, kriechend wachsenden Sorte), Dickmännchen *(Pachysandra terminalis)* und Immergrün *(Vinca minor)* unterdrücken Unkraut, ohne selbst allzuviel an Nährstoffen zu verbrauchen. Alle genannten Arten kommen mit niedrigen pH-Werten im Boden gut zurecht.

Mulchen unterdrückt Unkraut und hält die Feuchtigkeit besser im Boden.

Bewässerung

Besonders im ersten Jahr nach der Pflanzung sollten Sie regelmäßig gießen, bis die Pflanzen wirklich gut angewachsen sind. Direkt nach der Pflanzung müssen Sie durchdringend wässern, und auch in den ersten Wochen und Monaten darf der Boden um die neu gepflanzten Rhododendren niemals austrocknen. Gut eingewachsene Pflanzen überstehen kurze Trockenheit ohne größere Schäden, bei anhaltender Trockenheit wird man aber um eine gründliche Bewässerung nicht herumkommen. Da Rhododendren als Flachwurzler keine tiefen Wurzeln besitzen, die den Pflanzen Feuchtigkeit aus tieferen Bodenschichten zugänglich machen können, sind sie auf gleichmäßige Bodenfeuchte angewiesen. Besonders unter höheren Gehölzen können Rhododendren ohne zusätzliche Bewässerung nicht dauerhaft überleben, da durch das Regen abhaltende Blätterdach nicht genügend Regen an die Wurzeln kommt. Das gleiche gilt auch für Standorte im Regenschatten von Häusern.
Bei einer Neuanlage kann es sinnvoll sein, eine automatische Bewässerung samt den nötigen Zuleitungen mit einzuplanen. Sonst wird das nötige Gießen in trockenen Sommern schnell zur Belastung, besonders wenn sich ein größerer Rhododendronbestand in einem weit vom Haus entfernten Bereich befindet.

Weitere Pflegearbeiten

Ausputzen der Blüten

Üblicherweise fällt Verblühtes bei Rhododendren von selber ab, sodass man hier nichts abschneiden oder ausbrechen muss. Manchmal bleiben bei sehr regnerischem Wetter Blütenreste an der Pflanze kleben, was recht unschön aussieht. In diesem Falle kann man die aufgeweichten Blütenblätter vorsichtig abstreifen.

Herausbrechen des Blütenstandes.

Auch Hybriden setzen Samen an, wenn auch meist erheblich weniger zahlreich als die Wildformen. Da Samenbildung die Pflanze immer schwächt, kann man die sich entwickelnden Fruchtstände direkt nach dem Abblühen herausbrechen. Dazu nimmt man den Blütenstand zwischen den Daumen, Zeige- und Mittelfinger und knickt den Stutz am Ansatz vorsichtig um. In der Regel löst er sich dabei leicht. Bei älteren hohen Exemplaren und bei Japanischen Azaleen mit Hunderten von Blüten wird man sich kaum die Mühe machen, die Fruchtstände zu entfernen. Aber bei jungen Pflanzen, die auch im folgenden Jahr möglichst viele Blüten ausbilden sollen, ist diese Maßnahme durchaus sinnvoll.

Schnitt

Ein Rückschnitt gehört bei Rhododendren eher zu den unüblichen Maßnahmen. Die Sträucher wachsen in der Regel von selber sehr gleichmäßig, sodass ein Schnitt den Gesamteindruck eher beeinträchtigt anstatt ihn zu verbessern.
Bei Bedrängung durch dicht stehende Nachbarpflanzen können ältere Exemplare aber manchmal von unten her kahl werden. Meist bemerkt man dies erst nach dem Entfernen solcher Pflanzen. In diesem Fall ist es möglich, den Rhododendron sogar radikal bis ins alte Holz zurückzuschneiden. Er treibt dann relativ schnell von unten her wieder aus, und steht nach wenigen Jahren wieder in voller Schönheit mit guter Belaubung auch im unteren Bereich. Am besten führt man einen solchen Rückschnitt im April aus, damit noch im selben Frühjahr ein neuer Austrieb erfolgen kann.
Soll lediglich eine bessere Verzweigung angeregt werden, genügt ein leichter Rückschnitt ins vorjährige Holz. Auf diese Weise werden schlafende Augen zum Austrieb animiert.

Manchmal nötig: ein beherzter Rückschnitt.

Empfindliche Sorten können zum Schutz vor strengen Wintern in Nadelreisig eingepackt und mit Jute umwickelt werden.

Wichtig bei der Auswahl von Materialien für den Winterschutz ist, dass diese unbedingt luftdurchlässig sind. Unter Noppenfolie oder ähnlichem bildet sich Schwitzwasser. Dadurch besteht die Gefahr der Fäulnisbildung, im schlimmsten Fall gehen die Pflanzen ein.

Winterschutz

Die meisten modernen Rhododendron-Sorten sind auch in kälteren Gegenden ausreichend winterhart. Trotzdem kann ein Winterschutz sinnvoll sein, wenn

- die Pflanzen an einem Standort stehen, der kalten Winden ausgesetzt ist.
- großblättrige immergrüne Arten und Sorten gegen zu viel Wintersonne geschützt werden sollen.
- starker Schneefall zu erwarten ist, durch dessen Last Zweige abzuknicken drohen.
- Sie eine weniger winterharte Sorte gepflanzt haben, weil Sie zum Beispiel auf eine besonders schöne Blütenfarbe nicht verzichten möchten.
- auf die Herbstpflanzung ein besonders harter Winter folgt.

Gegen die Wintersonne hat sich das Aufstellen von **Schattiervorrichtungen** bewährt. Sackleinen oder ähnliches Gewebe wird senkrecht so neben der Pflanze angebracht, dass diese besonders während der Mittagssonne ausreichend beschattet wird. Auch gegen Wind leistet sich eine solche Vorrichtung gute Dienste. Das Gewebe wird am besten stramm zwischen zwei Pfählen befestigt. Damit die Konstruktion nicht umkippt, verankert man sie mit Abspannschnüren und Heringen ähnlich wie bei der bekannten Strandmuschel im Boden. Solche Strandmuscheln lassen sich übrigens hervorragend verwenden. Sie sind auch in dezenten Farben wie Dunkelgrün oder Oliv erhältlich und stören somit optisch nicht allzusehr. Wenn Sie sie dicht neben der Pflanze gegen die Hauptwindrichtung stellen und den Zwischenraum dick mit trockenem Laub auffüllen, erhalten Sie sehr einfach einen höchst effektiven Winterschutz.

Gegen Schneebruch können Sie eine »Haube« anfertigen, die über die zu schützende Pflanze gestülpt wird: Auf die Oberseite kommt eine Abdeckung aus dichtem Gewebe oder auch ein Frühbeetfenster, das erst wieder im Frühling benötigt wird. Wenn Sie die Seiten mit Kaninchendraht oder Gewebe umwickeln und den Hohlraum zwischen Pflanze und Haube mit Laub füllen, kommen selbst heikle Wardii-Hybriden unbeschadet durch den harten Winter. Spätestens im März muss der Winterschutz aber wieder abgenommen werden, um genügend Licht und Luft an die sich entwickelnden Blütenknospen zu lassen.

Rhododendren selbst vermehren

Wer von einer besonders schönen Sorte ein oder einige wenige weitere Exemplare haben möchte, kann den Versuch der Vermehrung durch **Absenker** wagen. Die Technik ist recht einfach. Man benötigt dafür einen gesunden größeren Strauch mit einigen möglichlichst bodennahen, biegsamen Seitenzweigen. Die ausgewählten Zweige werden zum Boden gebogen, bis sie Kontakt zur Erde haben. An dieser Stelle graben Sie nun eine kleine Vertiefung aus und drücken den Zweig so hin, dass ein Zweigabschnitt bogig in der Vertiefung liegt. Das Zweigende zeigt dann wieder aufwärts. Fixieren Sie nun den Zweigabschnitt mit einer Klammer oder einem Metallhering in der Mulde. Zur Beschwerung können sie auch noch einen Stein darüberlegen. Die Mulde wird anschließend mit humoser Erde aufgefüllt.
Mit etwas Glück haben sich an der abgesenkten Stelle nach etwa zwei Jahren so viele Wurzeln gebildet, dass das Zweigstück abgetrennt und verpflanzt werden kann. Leichtes Anritzen des Bereiches fördert die Wurzelbildung. Am besten lässt das Absenken im Frühling durchführen.
Die Vermehrung durch Stecklinge oder Veredelung ist eher etwas für Fachleute und im eigenen Garten meist nicht von Erfolg gekrönt.

Der Zweig, der für die Vermehrung durch Absenken ausgewählt wird, sollte biegsam genug sein.

Schädlinge und Krankheiten

Am richtigen Standort und bei artgerechter Pflege entwickeln sich Rhododendronbüsche in der Regel zu gesunden langlebigen Sträuchern. In manchen Jahren kann es aber durch ungünstige Witterung oder andere nicht immer zu beeinflussende Faktoren zu Schädlingsbefall oder auch zu Virus- und Pilzerkrankungen kommen. Dann ist es wichtig, rasch wirksame Bekämpfungsmaßnahmen zu ergreifen, bevor die Pflanze zu stark geschwächt wird.

Dickmaulrüssler

Schadbild: Ab Mai finden sich an den Blatträndern buchten- oder bogenförmige Fraßstellen. Der Schaden entsteht durch die Käfer. Die Larven fressen die feinen Wurzeln ab, schädigen aber auch die Wurzelrinde der stärkeren Wurzeln und den Wurzelhals,

Dickmaulrüssler mit typischem Schadbild: bogig angefressene Blätter.

der bis aufs Holz abgefressen werden kann. Bei starkem Befall durch Larven kränkeln die Pflanzen, welken und gehen schließlich ein.
Die bis 1,3 cm großen, grauschwarzen Käfer mit breitem, gefurchtem Rüssel sind ausschließlich nachtaktiv. Tagsüber verstecken sie sich am Grund der Pflanzen. Nachts klettern sie auf die Pflanzen, um die Blätter vom Rand her anzufressen.
Im Freiland entwickelt sich meist eine Generation im Jahr. Ab Ende Juni legen die Käfer mehrere hundert Eier in der Nähe ihrer Wirtspflanzen ab. Ab August schlüpfen die weißen Larven. Man findet sie, wenn man die Wurzeln ausgräbt. Sie richten durch ihre Fraßtätigkeit große Schäden an. Die Larven überwintern im Boden. Im April/Mai des folgenden Jahres schlüpfen die Käfer und beginnen ihre typische Fraßtätigkeit an den Blättern.
Vorbeugung und Bekämpfung: Abklopfen und Auffangen der Käfer von den Pflanzen bei Dunkelheit. Bekämpfung der Larven durch den Einsatz von Nematoden (Fadenwürmern), die mit der Gießkanne auf dem Bereich der Wurzeln ausgebracht werden. Die Bodentemperatur soll dabei mindestens 12 °C betragen.

Rhododendron-Zikade

Schadbild: Knospenbräune, die meist im Frühjahr auffällt. Der durch die Zikade übertragene Pilz *Pycnostysanus azaleae* verursacht die Knospenbräune. Im Mai schlüpfen Larven der Zikade aus den abgelegten Eiern des Vorjahres. Sie leben auf der Blattunterseite und haben nach mehreren Häutungen Flügel. Ab Juni

Durch die Saugtätigkeit der Rhododendron-Zikade verkümmern häufig die Knospen.

Rhododendronzikade

schwirren dann die wie große Mücken aussehenden Zikaden in großer Zahl um die Pflanze, besonders wenn man über die Blätter streift.

Vorbeugung und Bekämpfung: Mit dem Aufhängen von Klebetafeln können die fliegenden Zikaden von Mitte Juni bis ca. Oktober gefangen werden. Die so genannte Gelbtafel ist eine biologische Falle und auch für andere Schadinsekten anwendbar. Die Tafeln werden über den Pflanzen frei aufgehängt, der gelbe Farbreiz lockt die Insekten an. Nach etwa drei Wochen muss die Tafel ausgetauscht werden. Mit dieser Methode kann bei weniger starkem Zikadenbefall auf den Einsatz chemischer Mittel verzichtet werden.

Neu im Handel ist ein Streumittel mit systemischer Wirkung gegen Zikaden und andere saugenden Insekten. Das Granulat wird über die Wurzeln aufgenommen und zwei Wochen nach der Blüte über dem Wurzelballen in den Boden eingearbeitet. Wichtig ist anschließendes Gießen zum Lösen der Wirkstoffe. Das Produkt hat eine Wirkdauer von 6–8 Wochen. Bei stärkerem Befall wird die Behandlung Ende Juli wiederholt.

Bei starkem Befall ist ein flüssiges Insektizid angesagt. Das Versprühen erfolgt am besten am frühen Morgen, wenn die Zikaden nach der kühlen Nacht starr unter den Blättern sitzen. Da das Laub vieler Rhododendren eine glatte Oberfläche hat, brauchen Sie ein Benetzungsmittel gegen das Abperlen des Spritzmittels. Die Zugabe von 5–8 Tropfen eines Spülmittels auf 10 l Wasser setzt die Oberflächenspannung des Wassers herunter. Wegen der kurzen Wirkdauer von 3–5 Tagen muss diese Behandlung alle 10 Tage wiederholt werden.

Blattläuse

Schadbild: An den Blattunterseiten tummeln sich zahlreiche kleine grüne Insekten, die geflügelt oder ungeflügelt sein können. Bei starkem Befall können die Blätter durch deren saugende Tätigkeit absterben. Durch den sich bildenden Honigtau werden zusätzlich Ameisen angelockt, die häufig Rußtaupilze übertragen.

Vorbeugung und Bekämpfung: Leichter Befall muss nicht unbedingt bekämpf, sollte aber eingehend beobachtet werden. Oft regelt die Natur das Problem selber, indem sich Larven von Marienkäfern und Schwebfliegen einfinden, die die Population

Schadbild der Rhododendronwanze.

rasch vernichten. Bei starkem Befall helfen Spritzmittel auf Pyrethrum-Basis, die nach Vorschrift angewendet werden.

Rhododendron-Wanzen

Schadbild: Die befallenen Blätter verfärben sich oberseits gelb mit sichtbaren weißen Sprenkeln. Die Unterseiten der Blätter nehmen eine schmutzig graubraune Färbung an. 4 mm lange platte Insekten mit netzartiger Zeichnung an den Flügeln sind an den Unterseiten der Blätter zu sehen. Sowohl die erwachsenen Tiere als auch die im Juni schlüpfenden Larven schädigen die Pflanzen durch ihre saugende Tätigkeit.

Vorbeugung und Bekämpfung: Wie bei Blattlausbefall.

Zweigsterben

Schadbild: Diese Pilzinfektion erfolgt über die Endknospe, die verbräunt. Entlang der Blattmittelrippe treten braune Blattflecken auf. An befallenen Trieben verlieren die Blätter ihren Glanz, verfärben sich oft graubraun und rollen sich ein. Die Zweige schrumpfen und verbräunen, es kommt zu Welkeerscheinungen. Stark infizierte Blätter fallen ab. Der Befall ist meist auf wenige Triebe begrenzt, benachbarte Triebe bleiben gesund. Feucht-warme Witterung begünstigt die Infektion.

Blattflecken können durch verschiedene Pilze hervorgerufen werden. Bei starkem Befall werden die Pflanzen geschwächt.

Vorbeugung und Bekämpfung: Befallende Triebe bis ins gesunde Holz zurückschneiden, das Schnittgut unbedingt vernichten.

Pilzliche Blattflecken

Schadbild: Je nach Pilzart unregelmäßige Blattflecken, dunkelbraun oder schwarz und oft rötlich umrandet. Auch auf der Blattunterseite häufig sichtbar.
Vorbeugung und Bekämpfung: Befallene Blätter sind Infektionsquellen und sollten umgehend entfernt werden.

Mehltau

Schadbild: Weißer, mehlartiger Belag auf den Blattoberseiten. Es werden lediglich sommergrüne Azaleen befallen, die weichere Blätter besitzen als die immergrünen Rhododendren.
Vorbeugung und Bekämpfung: Leichter Befall wächst sich meist von selber aus und braucht nicht weiter behandelt zu werden. Bei starkem Befall ist die Spritzung mit einem systemischen Pilzmittel, das auch Mehltaubefall an Rosen bekämpft, sinnvoll. Eventuell muss die Behandlung mehrmals wiederholt werden.
Ein luftiger Standort ist allerdings die beste Vorbeugung.

Pflegefehler

Eisenmangel (Chlorose)
Schadbild: Die jüngeren Blätter an den Triebspitzen hellen sich auf und vergilben. Die Blattadern bleiben zunächst noch grün, sodass ein feines Aderngitterwerk entsteht. Bei starkem Mangel verfärben sich die Blätter gelb und vertrocknen vom Rand her. In der Pflanze hat das Eisen wichtige Aufgaben u.a. bei der Bildung des Blattgrüns (Chlorophyll), bei der Atmung und als Bestandteil zahlreicher Enzyme. Ein Mangel an pflanzenaufnehmbaren Eisen kann auf leichten, zur Trockenheit neigenden Böden durch einen zu hohen pH-Wert hervorgerufen werden.
Vorbeugung und Bekämpfung: Bei hohen pH-Werten (über 6) ist eine unmittelbare Düngung mit einem Eisendünger oft wirkungslos, da das Eisen in gut durchlüfteten Böden dann in einer Form vorliegt, die die Pflanzenwurzel nicht aufnehmen kann. In diesem Fall ist eine Spritzung mit Eisenspezialdünger sinnvoll.
Rhododendron-Sorten, die auf kalktolerantere Unterlagen veredelt sind, reagieren weniger empfindlich auf höhere pH-Werte und zeigen ein gesundes Wachstum bis zu pH-Werten von 7.

Bei Eisenmangel (Chlorose) vergilben die Blätter, die Blattadern bleiben dabei dunkler. Pflanzen auf INKARHO®-Unterlagen leiden kaum unter dieser Mangelerscheinung.

Stickstoffmangel
Schadbild: An den älteren Blättern treten zuerst Blattaufhellungen und Vergilbungen auf. In der weiteren Entwicklung verfärben sich alle Blätter hellgrün bis gelb, auch die Blattadern. (Im Unterschied dazu tritt Eisenmangel an den jüngeren Blättern auf; die Adern bleiben hier grün.) Bei starken Mangelerscheinungen fallen die älteren Blätter ab. Es bleibt dann an den Trieben oft nur noch ein Kranz jüngerer, vergilbter Blätter.
Vorbeugung und Bekämpfung: Mineralische Dünger wie zum Beispiel Schwefelsaures Ammoniak und Ammonsulfatsalpeter haben sich für eine bessere Laubausfärbung und Blütenknospenbildung gut bewährt, wenn der Schadensfall bereits eingetreten ist.
Eine gute Stickstoffquelle ist auch Kompost. Er wird in einer Schicht von etwa 1 cm auf den Boden ausgebracht und oberflächlich eingearbeitet. Kompost erhöht gleichzeitig die organische Substanz des Bodens, aktiviert das Bodenleben, verbessert den Wasser- und Lufthaushalt und ist reich an Spurenelementen.

Algenbildung an den Blattoberflächen
Schadbild: Sichtbarer Algenbelag auf den Blättern. Es handelt sich hierbei eigentlich nicht um eine Krankheit, der Belag wirkt aber unappetitlich und störend.
Vorbeugung und Bekämpfung: Die Ursache ist ein zu dunkler und feuchter Stand mit geringer Luftzirkulation. Eine Spritzung mit verdünntem Paraffinöl hilft im Schadensfall, besser sollte man Rhododendren an einen lichteren Standort pflanzen.

auf einen blick

- Rhododendren benötigen humosen Boden, dessen pH-Wert im sauren Bereich liegen sollte.
- Veredelungen auf INKARHO®-Unterlagen stellen eine echte Verbesserung dar, da sie auch auf leicht alkalischem (kalkhaltigem) Boden zufriedenstellend wachsen.
- Als Flachwurzler sind Rhododendren auf eine gleichmäßige Wasserversorgung angewiesen. Eine Mulchschicht hilft, die Feuchtigkeit im Boden zu halten.
- Die meisten angebotenen Arten und Sorten sind ausreichend winterhart. Junge Exemplare sind aber für einen Schutz gegen kalte Winterwinde dankbar.

Bezugsquellen, Adressen

Bezugsquellen

Baumschulen

Baumschule H. Hachmann
Brunnenstr. 68
25355 Barmstedt/Holst.
Tel.: 0 41 23 / 20 55-56
email: info@hachmann.de
www.hachmann.de

Bohlken Baumschulen
Heinz Bohlken jun.
Erkern - Am Lupinenberg 11
26160 Bad-Zwischenahn
Tel.: 0 44 03 / 57 75
email: info@bohlken-baumschulen.de
www.bohlken-baumschulen.de

Bruns
Pflanzen-Export
Postfach 1165
26160 Bad Zwischenahn
Tel.: 0 44 03 / 6 01-0
email: bruns@bruns-pflanzen.de
www.bruns.de

D. Heinje Baumschulen
Hauptstr. 39
26188 Edewecht
Tel.: 0 44 05 / 91 92-0
email: d@heinje.com
www.heinje.com

Ernst Stöckmann
Baumschulen
Westersteder Str. 11
26160 Bad Zwischenahn
Tel.: 0 44 03 / 73 71
email: ernst@stoeckmann-baumschulen.de
www.stoeckmann-baumschulen.de

G.D. Böhlje Pflanzenhandel
Oldenburger Straßen 9
26655 Westerstede
Tel.: 0 44 88 / 99 86-0
email:
boehlje@boehlje.de
www.boehlje.de

Hobbie Rhododendron
Linswege Zum Hullen 3
26655 Westerstede 1
Tel.: 0 44 88 / 22 94
email:
hobbie.rhodo@t-online.de
www.hobbie-rhodo.de

T.J.R. Seidel
Rhododendron-Baumschulen
Grüngräbchen
Rudolf-Seidel-Str. 1
01936 Schwepnitz
Tel.: 03 57 97 / 7 35 42

Vorwerk-Baumschulen
Uwe Albertzard
Oldenburger Str. 100
26180 Rastede
Tel.: 0 44 02 / 22 15
email: Vorwerk-Rastede@t-online.de
www.vorwerk-rastede.de

Adressen

Parks und Gärten

Botanischer Garten und
Rhododendron-Park
Bremen
Marcusallee 60
28359 Bremen
Tel.: 04 21 / 3 61-30 25

Niedersächsisches
Gartenkulturcentrum
Elmendorfer Str. 65/40
26160 Bad Zwischenahn
Tel.: 0 44 03 / 8 19 60
www.gartenkulturcentrum.de

Rhododendron-Park Gristede
Gristeder Str.
26215 Wiefelstede
Info: Baumschule Bruns
Johann-Bruns-Allee 1
26160 Bad Zwischenahn
Tel.: 0 44 03 / 601-0

Rhododendronpark
Petersfehn
Zum Hullen 3 / Linswege
26655 Westerstede
Tel.: 0 44 88 / 22 94
www.hobbie-rhodo.de

Park Lütetsburg
Gräflich zu Knyphausensches Rentamt
26524 Lütetsburg
Tel.: 0 49 31 / 42 54

Schlosspark Oldenburg
Schlossplatz 1
26122 Oldenburg
Tel.: 041 72 / 20 26 00

Maxwaldpark im Ammerland
Info: Dr. Eberhard Pühl
Postfach 1111
26641 Westerstede
Tel.: 0 44 88 / 7 19 71
www.maxwaldpark.de

Bürgerpark Schweizerhaus
28209 Bremen
Dipl.-Ing. Werner Damke
Tel.: 04 21 / 34 20 70
www.bremen.de/info/buergerpark

Pflanzengesellschaften

Deutsche Rhododendron-Gesellschaft e.V.
Marcusallee 60
28359 Bremen
Tel.: 04 21 / 3 61-30 25
email:
Julia.Westhoff@rhodo.org
www.rhodo.org

Nederlands Rhododendron Verein
Dutch Chapter of the ARS
H.A.L.M. Teeven
Genderweg 5
NL-5521 NX Eersel
www.rhodovereniging.nl

American Rhododendron
Society
Executive Director:
P.O. Box 525
Niagara Falls
NY 14304
email:
lauragrant@arsoffice.org
www.rhododendron.org

The Rhododendron,
Camellia & Magnolia
Group of the Royal
Horticultural Society
Chairman Dr M L A
Robinson
Hindleap Lodge, Priory
Road, Forest Row
East Sussex, RH18 5JF
Tel.: +44 / 13 42 / 82 27 45
email:
mlarob@hotmail.com
www.rhodogroup-rhs.org

Stichwortverzeichnis

Seitenzahlen mit * verweisen auf Abbildungen

Bildnachweis:

Adams: 40, 6, 16, 17, 22, 240, 24u, 27l, 27r, 290, 30, 31, 37u, 42, 48l, 50u, 51, 530, 54l, 56, 590, 59u, 64, 65, 66, 72u
Bieker: 14, 150, 23, 28, 36, 500, 58, 76
Borstell: 1, 2/3, 4u, 8, 9, 12, 25, 380, 46, 49, 60, 61, 63u, 67, 68, 75
Gehler: 53u
Hachmann: 21, 340, 370, 54r, 85u, 89
Hagen: 100r, 10ul, 10ur
Markley: 29u, 34u, 38u, 40, 48r, 74, 80, 850, 86, 87, 88r
Reinhard: 7, 100l, 18u, 35, 47, 57l
Röding: 180, 630, 77, 88l, 91
Romeis : 19, 62, 69, 71, 720, 73
Seidl: 5, 15u, 20, 26, 32, 33, 39, 41, 430, 43u, 44, 45l, 45r, 52, 55, 57r, 79, 82, 880, 90
AS-Gartenbild/Stork: 84

Grafiken: Sylvia Bespaluk

Bibliographische Information Der Deutschen Bibliothek

Die Deutsche Bibliothek verzeichnet diese Publikation in der Deutschen Nationalbibliografie; detaillierte bibliografische Daten sind im Internet über http://dnb.ddb.de abrufbar.

BLV Buchverlag GmbH & Co. KG
80797 München

Umschlaggestaltung:
fuchs_design, Ottobrunn

Umschlagfotos:
Romeis (Vorderseite)
Adams (Rückseite links),
Romeis (Rückseite rechts)

Layoutkonzept Innenteil:
Studio Schübel, München

Lektorat: Dr. Thomas Hagen,
Dr. Eva Dempewolf
Herstellung: Hermann Maxant

Layout: Anton Walter, Gundelfingen
Satz: agentur walter, Gundelfingen

Gedruckt auf chlorfrei gebleichtem Papier

Printed in Germany

ISBN 10: 3-8354-0072-X
ISBN 13: 978-3-8354-0072-6

Eine kleine Auswahl aus unserem Programm

Wolfram Franke
Gartenteich-Träume
Faszination Wassergarten: Inspiration in opulenten Bildern; traumhafte Wassergarten-Beispiele bis hin zu Bachlauf und Schwimmteich; Praxis: Anlage, Pflanzenauswahl, Bepflanzung, Technik, Pflege.
ISBN 3-8354-0042-8

Marie-Luise Kreuter
Der Biogarten
Das Original – jetzt als Neuausgabe: das unentbehrliche Standardwerk, verfasst von Deutschlands bekanntester Biogärtnerin; mit Beilage »Pflanzenschutz-Kompass« zum schnellen Bestimmen und Abwehren von Schädlingen und Krankheiten.
ISBN 3-405-16674-8

Dorothée Waechter
Mein Wellness-Garten
Der Garten als Refugium für die Seele: Sicht- und Sonnenschutz, Rückzugsräume im Grünen, Feng Shui, Sitz- und Liegeplätze, Licht-Ideen, Pflanzen zum Fühlen und Be-Greifen, Wellness für den Gaumen, Wohlfühlfaktor Wasser usw.
ISBN 3-8354-0029-0

Ursel Borstell/Text: Silke Kluth
GartenBlicke
Vom Zauber schöner Gärten: der Geschenkband mit brillanten Fotos; Beete, Pflanzen, Gestaltungen, Blüten – gesehen aus ungewohnten Perspektiven; mit Hintergrundinfos zu den Motiven.
ISBN 3-405-16965-8

Tobias Gold/Martina Bäumler
Lazy – So leicht kann Gärtnern sein
Genießen statt schwitzen – schöne Gärten mit wenig Aufwand: einfache Gestaltungsideen auch für Anfänger, pflegeleichte Pflanzen, die wichtigsten Gartenarbeiten Schritt für Schritt, Feste feiern im Garten.
ISBN 3-405-16098-7

Robert Markley
Rosen für jeden
Kompakte Infos, beste Fotos – das optimale Einsteiger-Buch; alle Rosengruppen im Porträt von den Alten Rosen bis zu Edelrosen; Rosenpraxis: Standort, Auswahl, Pflanzung, Pflege, Schnitt; spezielle Expertentipps zu allen Rosengruppen.
ISBN 3-8354-0031-2

Die zuverlässigen Berater

BLV Bücher bieten mehr:

- mehr Wissen
- mehr Erfahrung
- mehr Innovation
- mehr Praxisnutzen
- mehr Qualität

Denn 60 Jahre Ratgeberkompetenz sind nicht zu schlagen!

Dass Sie sich gut beraten fühlen – das ist unser Ziel. Falls Sie Fragen und/oder Anregungen haben, schreiben Sie uns bitte:

BLV Buchverlag GmbH & Co. KG
Lektorat · Lothstraße 19
80797 München
Postfach 40 02 20
80702 München
Telefon 089/12705-0 · Fax -545
E-mail: blv.verlag@blv.de

Unser Buchprogramm umfasst rund 800 Titel zu den Themen **Garten · Natur · Heimtiere · Jagd · Angeln · Sport · Golf · Reiten · Alpinismus · Fitness · Gesundheit · Kochen.** Ausführliche Informationen erhalten Sie unter **www.blv.de**

blv

Mehr Erlesen!